形意拳

国家级非物质文化遗产代表性项目山西省保护成果丛书

王子虎　李晋萍　著

山西出版传媒集团
北岳文艺出版社
BEIYUE LITERATURE & ART PUBLISHING HOUSE
·太原·

图书在版编目(CIP)数据

形意拳 / 王子虎, 李晋萍著. —太原:北岳文艺出版社, 2023.2
(国家级非物质文化遗产代表性项目山西省保护成果丛书 / 弓宇杰主编)
ISBN 978-7-5378-6658-3

Ⅰ. ①形… Ⅱ. ①王… ②李… Ⅲ. ①形意拳—研究 Ⅳ. ①G852.14

中国国家版本馆CIP数据核字(2023)第000552号

形意拳

王子虎 李晋萍 著

//

出品人
郭文礼

策 划
马 峻

责任编辑
关志英

装帧设计
夏慧文

封面题字
田 青

封面摄影
刘满应

宣传运营
刘思华 董江波

印装监制
郭 勇

出版发行:山西出版传媒集团·北岳文艺出版社

地址:山西省太原市并州南路57号

邮编:030012

电话:0351-5628696(发行部) 0351-5628688(总编室)

传真:0351-5628680

印刷装订:山西人民印刷有限责任公司

开本:787 mm × 1092mm 1/16

字数:163 千字 印张:13.25

版次:2023 年 2 月第 1 版

印次:2023 年 2 月山西第 1 次印刷

书号: ISBN 978-7-5378-6658-3

定价:98.00 元

国家级非物质文化遗产代表性项目山西省保护成果丛书

编 委 名 单

名誉主编

田　青

学术委员

张振涛　苑　利　张孝德

主　编

弓宇杰

编　委

牛晓珉　段友文　卫才华

李晋萍　赵云海

总　序

山西，简称晋，因春秋末期有过“三家分晋”的历史，所以也叫三晋大地。三晋大地，表里山河，外有滔滔大河，内有巍巍高山，更被柳宗元赞曰有“尧之遗风”。

大河是黄河，中华文明的母亲河；山有太行山，与王屋山一起，在中国古老的传说里彰显着我们祖先的不屈意志与奋斗精神。在那首著名的歌曲《人说山西好风光》里，有两句歌词动态十足，精彩至极：“左手一指太行山，右手一指是吕梁。”只有面对地图时，你才能想象出是什么人，要站在什么地方，方可如此洒脱地左一指、右一指，俯瞰这莽莽苍苍、云蒸霞蔚的中原故地。没有坐北朝南、站在云端之上的王者胸怀和气概，唱不出这样的歌。

的确，这里曾是王者之地。在古老的传说中，黄帝之妃嫘祖就是在这里的夏县教民养蚕缫丝，后稷就是在这里的稷山教民稼穑耕种。这里至今留有尧、舜、禹建业的踪迹，尧都平阳、舜都蒲坂、禹都安邑之说历来不绝。

如果说有关“三皇五帝”的遗迹和传说还需要考古证明，那么运城人自豪地说自己是关公的“老乡”，却是真真切切、毋庸置疑的。关公所代表的忠义精神，在中华民族传承千年，亘古不变，至今仍是中华传统文化的核心精神，为全球华人所尊崇坚守。

这里有数不清的历史故事，有数不清的历史遗迹。中国有一句话：“地下文物看陕西，地上文物看山西。”山西现存的全国重点文物保护单位和地上文物均为全国第一，素有“中国古代建筑艺术博物馆”的美誉，全国仅有的四座唐代建筑均在山西，比如五台山的南禅寺、佛光寺，至今散发着光耀寰宇的盛唐之光。此外，作为著名的“元杂剧”的发祥地，山西还有全国最多也是保存最完整的古戏台。据不完全统计，目前山西全省仍然保存完好的戏台约有两千座，遍布三晋大大小小的乡镇，几乎每一个大一点的村落，都会有一座面对神灵栖处的戏台，它成为传统中国农村的社会中心。

山西还是非物质文化遗产大省，列入国家级非物质文化遗产代表性项目名录的有182项，位列全国第三；列入省级非物质文化遗产代表性项目名录的有942项；列入市级非物质文化遗产代表性项目名录的有2103项；

列入县级非物质文化遗产代表性项目名录的有5089项。现有国家级代表性传承人149人，省级代表性传承人1109人，市、县级代表性传承人分别为2500人和5515人，总体数量和涉及的“非遗”门类均排在全国前列。

金元时期，古平阳地区是除了元大都外最大的戏剧中心。千百年来，传统戏剧在这里生根发芽、枝繁叶茂，成为山西民众最主要的精神食粮，也是继承传播中华民族精神、智慧、文明的大学校。山西现存地方剧种多达54个，占全国传统剧种的六分之一。其中以山西梆子、蒲州梆子、上党梆子、北路梆子为代表的“梆子大戏”传承久远、影响巨大，诞生了许多名角和代表性剧目。其他如碗碗腔、线腔、耍孩儿、罗罗腔、青阳腔等戏曲形式异彩纷呈、争奇斗艳，深得民众喜爱。

山西还是民歌的海洋和民间歌舞之乡，到处都有着非常精彩的民歌与民间舞蹈，每到春节、元宵节，“闹红火”的队伍都会把欢乐撒向天空与大地。鼓舞、秧歌舞、狮舞、高跷、旱船、竹马、二鬼摔跤、背棍、铁棍和抬阁等传统舞蹈成为中华传统节日的亮点和必备的“大餐”。山西的民歌闻名天下，河曲、左权号称“歌窝子”，《走西口》与《桃花红 杏花白》的歌声脍炙人口，其独具特色的动人旋律与一唱三叹、鲜活生动的唱腔以及继承了《诗经》传统的歌词，无不是劳动人民的伟大创作，如一颗颗宝石，璀璨夺目，历久弥新。山西的器乐曲，也丰富而精彩，其中五台山佛乐、恒山道乐曾与以“山西八大套”为代表的民间器乐互相影响，构成了山西各具特色的多个乐种。

山西农业发达，工商业和金融也起步较早，受它们影响的传统手工技艺也发展较快，其品类丰富、数量众多，分布广泛，称得上“物华天宝”。其中平遥推光漆器、平定刻花瓷、长子响铜、稷山螺钿、平阳木版年画、阳城生铁冶铸技艺、绛州澄泥砚、上党堆锦、黎侯虎等民间传统工艺在全国影响较大。山西传统工艺中的民间剪纸、布艺、皮影、绢人、泥塑等更是特色鲜明，成为一张张瑰丽多彩的“山西名片”。

我虽不是山西人，但与山西渊源甚深。1982年，我考入中国艺术研究院随杨荫浏先生攻读研究生学位，为了论文写作，第一次去山西考察，初登五台山，领略了青庙、黄庙的佛教音乐。1988年，我再访五台山，在山西省音乐舞蹈研究所的帮助下找到了繁峙县的释了丛法师。1989年3月，一个以释了丛法师为首的佛教乐队以“中国五台山佛乐团”的名义随我赴香港参加“第一届佛教音乐国际研讨会”，第一次走出山西，登上国际舞台。1998年，受赵朴初居士委托，我与李家振先生拜访李鸿儒老师组建的佛乐班，在此基础上组织了“五台山沙弥乐团”；同年3月，我率团赴台湾在台北中山堂演出，轰动宝岛。2002年，应左权籍作家刘红庆之邀，参加左权县文化局召开的有关民歌前途的研讨会，从而认识了石占明并推荐他参加了当年在浙江仙居举办的第一届“南北民歌擂台赛”，“羊倌歌手”一举成名，获“十大歌王”称号。2003年，我再访左权，结识了刘红权和“左权盲人宣传队”的弟兄们。回京后，我在《人民日报》发表《阿炳还活着》等文章，并将他们请到北京的大专院校和新闻媒体机构演出，开启了“左权盲人宣传队”向天而歌、誉满天下之路。2004年，我作为艺术总监，再次带领由已经长大了的“沙弥”们组成的五台山佛乐团参加两岸三大语系、八大丛林组成的“中华佛教音乐展演团”出访美国、加拿大等国，并到台湾、香港、澳门等地演出。2019年和2020年，我参与策划了全国性的民歌盛会“左权民歌汇”，让左权这座古城成为全国的民歌中心和当今时尚青年的“打卡地”。2021年，我作为山西非物质文化遗产展演团的艺术总监，参与策划了在台湾举办的“中华非物质文化遗产月”活动，让三晋大地源远流长、五彩缤纷的非物质文化遗产亮相祖国宝岛，为宝岛亲人带去了“表里山河”的乡情与问候。

今天，“国家级非物质文化遗产代表性项目山西省保护成果丛书”即将出版，我相信这套丛书在分门别类、具体生动地介绍山西非物质文化遗产的同时，会很好地弘扬中华传统文化，极大地促进我们，尤其是青年们的文化自信，更会让全国人民、世界人民了解山西，了解中国，在山西“非遗”的百花园里更深刻地感受到中华民族生生不息的伟大智慧、伟大精神。

向所有非物质文化遗产的创造者和传承人致敬！

向所有非物质文化遗产保护工作者致敬！

山西省晋中市左权县龙泉乡龙泽村荣誉村民

田　青

2022年12月23日

目 录

序

形意拳，发源于山西太谷，根植于中华优秀传统文化，是中国传统武术四大名拳（形意、八卦、太极、少林）之一，与太极拳、八卦掌并称中国三大内家拳，以练养一体、内外兼修、技道并重的风貌独树一帜，流传极广。

形意拳之源，可追溯到宋代的岳飞与明末清初的姬际可。山西的形意拳基本上是清代的李洛能从戴氏心意拳脱胎而来。李洛能是深州（今河北省深州市）窦王庄人，他在山西太谷保镖护院期间，以祁县的戴氏心意拳为基础，从拳法的外形、内意、劲力、习练方法等方面进行大胆地改革创新，衍化成形意拳，并加以定名。

形意拳包括徒手套路，也包括器械套路，以及对练、散手和练功的方法，是一种内外兼修、风格独特、技击性强的著名拳种，简洁朴实、劲整力巧、刚柔相济、体用兼备，以切合实战和健身养生闻名于世。“是一个开放的，包容的，动态的，具有地域特色的文化体育”。（布秉全语）主要分为山西形意拳和河北形意拳两大派（即通常说的山西小架与河北大架），山西形意拳派又以车氏、宋氏两大流派为主。

形意拳名家好手辈出，他们为形意拳的完善、传承和发展做出了不可磨灭的贡献。至民国时期，形意拳成为中国影响最大、普及范围最广的拳术之一。山西的各级国术馆、许多学校把形意拳作为必修科目。特别是在弘扬民族精神、抗击外敌侵略方面，形意先辈谱写了一曲曲可歌可泣的英雄篇章。中华人民共和国成立后，形意拳得到了保护和发展，为更多的人民群众所喜爱。

形意拳创造了其他拳种少有的奇迹。从一定程度上讲，形意拳的影响已远远超出武术界的范畴，成为一种社会、历史、文化现象。为了集中有限资源，重点保护体现中华优秀传统文化，具有历史、文学、艺术、科学价值的非物质文化遗产项目，我国建立了非物质文化遗产代表性项目名录，对保护对象予以确认。[①]2008年6月7日公布入选第二批国家级非物质文化遗产名录的形意拳序号798，编号Ⅵ-26，就是深州先申报

① 河北省深州市申报国家级非物质文化遗产（以下简称国家级“非遗”）早于山西省太谷县。

的。2011年5月23日，太谷申报的形意拳作为扩展项目，经国务院批准列入第三批国家级非物质文化遗产名录。2019年11月12日，形意拳入选调整后的国家级非物质文化遗产代表性项目保护单位名单，山西形意拳获得单独的序号374和项目编号批次Ⅵ-26（2-1），保护单位为晋中市太谷形意拳协会。

非物质文化遗产代表性传承人肩负着延续传统文脉的使命。2012年12月，深州市形意拳代表人物张玉林被确定为国家级非物质文化遗产代表性传承人。2018年1月，晋中市太谷县形意拳代表人物宋光华被确定为国家级非物质文化遗产代表性传承人。

在山西，特别是在山西中部的太谷、榆次、太原、平遥等地，形意拳的发展方兴未艾；尤其是被列入国家级非物质文化遗产代表性项目名录后，在党和政府的关心重视及形意同仁齐心努力下，形意拳更呈普及之势。

欣逢盛世文明盛，国运昌隆万象新。随着社会发展带来的巨变，形意拳存在的社会条件也发生了变化，形意拳的发展也迎来了新的挑战和机遇。它在传承民族文明、增强民族文化自信、提高人民身体素质、振奋民族精神等方面发挥着重要的作用，为促进形意拳的传承、弘扬，需要积极地、正确地应对时代的文化挑战，采取综合性的社会措施，共创形意拳发展新的辉煌期。

王子虎　李晋萍

2022年8月25日

第一章

形意拳产生的社会文化背景

形意拳历代大师都重伦理，修武德，一贯讲道义，讲诚信，互相友爱，宽厚待人，行善积德，危难时表现出英雄侠义气概，以民族利益为重，具有爱国主义精神和民族气节，受到人们的敬重，也形成了形意拳的良好风尚。形意拳技击性强，但形意拳人历代相传要涵养品德，要以诚实、仁爱、宽容、理解之心面对一切人与事，力求道德的完善，培养高尚的情操和良好的习惯，绝不可争勇斗狠，不可随意出手伤人。同时，练习形意拳的过程就是修身养性的过程，因此习练形意拳时间长的人基本都身心平衡，性情和善，为人处世和谐礼让。

形意拳源自心意拳，产生于清代的山西省太谷县，是在传统的尚武民风和社会安全需要、经济发展状况、优秀传统文化等众多因素的综合作用下形成的。形意拳因实战性强、论著丰富、名家辈出、民众喜爱和活动普及，在中华武林中迅速崛起。在形意拳列入国家级非物质文化遗产后，越来越多的人开始学习和研究形意拳，使它得到了更广泛的传播。

第一节　尚武民风是形意拳产生和发展的内因

山西武术历史悠久，人才辈出，有着深厚的地域文化基础。山西与北方游牧民族为邻，地处边关，乃兵家必争之地。古代的山西人对强身健体和保护人身财产安全的需求较为迫切，形成“人性劲悍，习于戎马”的尚武精神。春秋时期“士为知己者死”的义侠豫让，战国时期“荆轲尝游过榆次，与盖聂论剑”的剑术名家盖聂，以及历朝山西籍的名将，如卫青、霍去病、关羽、张辽、刘渊、石勒、石敬瑭、刘知远、李存勖、尉迟恭、薛仁贵、杨业、狄青等均影响巨大，他们的高尚品质、高超武艺代代相传，对宣扬武术，歌颂武德起到了重要作用。

道路交通艰险带来的安全需要推动了山西的尚武之风。旧时，山西地理环境相对封闭，境内平川较少，山高坡陡、沟深谷窄之地较多，即便是官道也充满了重重险障，兼有土匪、强盗出没，即便一县之内的路途都不安稳，更别说跨县出省的长途跋涉了。因此，习武成了许多远行人必要的生存技能，商帮雇用镖师是保护人货两全的常见方式。由于刀、枪、剑、棍等器械不便携带又惹人注意，所以拳术、鞭杆等武术在山西极为盛行，成为山西的地方武术特色。

尚武精神强化了山西人刚劲直鲁、淳朴坚韧的民风特质，因此民间武术成为城乡日常生活里一种常见的娱乐方式，习武者和武术村落极为多见，各种武术人才层出不穷。金元时期太原人白玉峰被赞誉："此乃近世技击家之泰斗，大河南北，莫与伦比。"元朝太谷人高福精通武技，以战功升至龙虎卫上将军，明朝新绛人王宗岳乃一代武术大师，著有影响深远的《阴符枪谱》《太极拳论》。在晋中地区，武术以太谷、榆次最为盛行。以明清两朝科举考试为例，太谷县有武进士20人、武举人195人，榆次县有武进士26人、武举人234人，且两县有武状元1人、榜眼2人、探花2人。

太谷民间武术发达。咸丰《太谷县志》记载了义侠石镇宇的故事，明朝末年，太谷县固庄有个义侠石蕴咸，字镇宇，武功高强。石镇宇曾不慎被土匪绑架，经历九死一生，后被赎归家。身体康复后，他把固庄周围乡村众多习武的青壮年召集在一起，共同防范土匪。两年后，土匪又到固庄抢掠："不知镇宇已有备也。贼中其伏，斩获千余，生擒五百余……"一举打败凶猛的土匪。1644年，明朝官员桑芸被押送至闻喜小水头时逃脱，后经过固庄，被护村的村民捉住押到石镇宇面前。石镇宇感到桑芸不是普通人，问明情况后不仅将路费和毛驴还他，还护送他返回家乡榆次。后来，桑芸仕至广东右布政使，被顺治皇帝夸赞为"天下第一清官"。

第二节　中华优秀传统文化是形意拳的灵魂和源泉

形意拳以中华民族优秀传统文化为灵魂和源泉，它是格斗技击的制敌之术，又融强身养生、演艺观赏于一体，能随着社会形势的变化、人们的需求转化而生生不息，因此成为非物质文化遗产的重要组成部分。

一、形意拳以阴阳五行学说为立论依据

阴阳是古代中国人认识世间万物的基本概念之一。中国古代哲学思想认为，世间万物均具有阴阳属性，由阴阳来协调、平衡，阴阳两方面发生对立统一矛盾的运动，才可推动世间万物乃至整个世界的变化和发展。

形意拳的先师们以阴阳五行学说为总纲，从人身肢体、运动形态、人的状态三方面，演绎出一系列阴阳表征，根据“阴阳对立，阴阳转化，阴阳相济”原理，“内外兼修”提出一系列技击、健身养生的原理和方法。根据金、木、水、火、土五行“相生相克”学说，创编

出形意五行拳（劈、崩、钻、炮、横五拳），锻炼人体五官、五脏功能，形成形意五行拳相生关系（劈拳变钻拳，钻拳变崩拳，崩拳变炮拳，炮拳变横拳）和相克关系（劈拳破崩拳，崩拳破横拳，横拳破钻拳，钻拳破炮拳，炮拳破劈拳）。形意拳讲究人体自身的平衡。孙禄堂《意拳述真·自序》有言："若偏阴偏阳皆谓之病。夫人之一生，饮食不调，气血不和，精神之不振，皆阴阳不和之故也。"

二、形意拳拳法套路以仿生学思想为基础

相传，宋代的岳飞提倡双推手法，又以"鹰熊竞志，取法为拳"，仿鹰形为攻，熊形为守，教练将士习武，此为形意拳之源。据记载，明末清初的姬际可得到岳飞的拳经，配以十种动物之形，潜心修炼，创立心意六合拳。与之一脉相承的形意拳，模仿龙、虎、猴、马、蛇、鸡、鹰、熊、鲐（骀）、鼍、鹞、燕十二种动物的形态和技能特长，象其形，取其意，形意合一，内外兼修，创编了形意十二形拳。形意拳不仅要求内意和外形统一，而且要体现出动物技能特长的内涵，即动物的天性和灵性，转变成人的多种能力，为人所用，全面提高身体素质。

三、形意拳演练结构以风水方位学为特征

形意拳受中国古代哲学思想影响，演练套路的基本结构遵循传统的风

水方位学原则。形意拳的起势动作，面南向北，居右虚左，遵循古代儒家“负阴抱阳”“尊左卑右”，兵家“用兵则贵右”“吉礼左还，顺天以立本，武礼右还，顺地以利兵”的传统俗规；行功走趟的基础套路结构，左右往返，都以双趟进行演练，每趟又以四步或六步的偶数为组合，显现着成双配对，均衡协调等美学原则，阴阳转换、周而复始的时空观点；收势结束时，又始终如一，回归原地（即从场地右侧起，再回到场地右侧原方位上），体现着善始善终，寻根归宿的民族意识和伦理道德。

四、形意拳功法修炼以道功道术为要旨

由心意拳衍生而来的形意拳，在其形成和发展的过程中，与道教思想、道功道术有着紧密的联系。形意拳之所以内劲气足，是丹田中的气不断地聚藏与发放的结果。“道”具有虚静、柔弱、朴素、自然、无为等基本的思想特征，而这些富有哲理的思想特点，对于提高练拳的层次，达到练拳的高境界，具有宝贵的指导意义。

五、形意拳道德修为以孔孟仁学为准则

清代，孔孟思想是中国社会的正统思想，深深影响着当时人们的思想和行为。孔孟仁学是儒家思想的核心，也曾是形意拳人道德行为的准则，在形意拳的拳谱内容、授徒规矩、涵养品德、技击思想等方面都有鲜明体现，至今仍有明显的积极影响。

崇尚武德是形意拳门的优良传统。《形意古拳谱》教导："六合自古无双传，多少玄妙在其间。假若妄传无义人，招灾惹祸损寿年。"如果不是人品端正的仁义之人，宁可不传也不轻传。

形意拳历代大师都重伦理，修武德，一贯讲道义，讲诚信，宽厚待人，危难时表现出英雄侠义气概，以民族利益为重，具有爱国主义精神和民族气节，受到人们的敬重，同时也形成了形意拳的良好风尚。形意拳技击性强，但形意拳人历代相传要涵养品德，要以诚实、仁爱、宽容、理解之心面对一切人与事，绝不可争勇斗狠，不可随意出手伤人。

六、形意拳健身养生以"天人合一"为境界

世间一切人和事都应顺其自然，合乎其道。"天人合一"是中国古人尊崇的一种重要思想，也是人们希望达到的理想状态，对形意拳修身养性的理论具有明显指导作用。

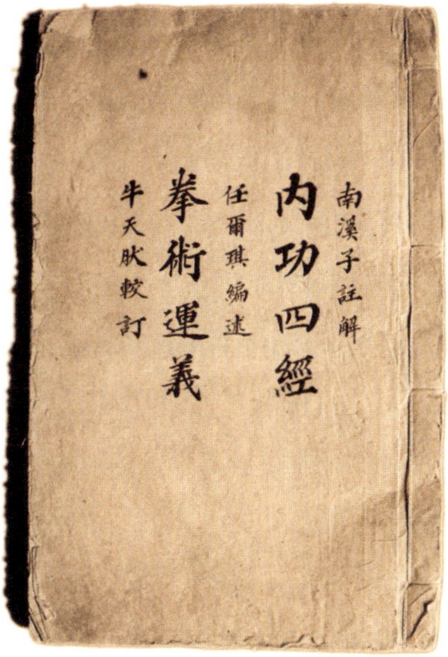

宋氏形意拳宗奉的《内功四经》源自中华优秀传统文化，与生命科学、哲学思维等密切相关

形意拳强调“内外合一”“术道并重”“周身协调”。“内外合一”的“内”从生理学角度来说是指代人身体内部各脏腑器官及大脑的意识，而“外”则指代包裹着“内”的物质，如皮肤、骨骼、肌肉以及肢体动作。若从整个大自然中看，整体的人是“内”，而“外”则是人身之外的一切环境。“术道并重”中的“术”是说习武者的武技、技艺或者习练方法，“道”是世间万物都要遵循的法则和规律，形意拳的“道术并重”要求习武者必须按照一定的自然规律、运动规律来练习，最终达到人的“周身协调”。“周身协调”的重要途径是养气。古人云：“人之生，气之聚也。聚则为生，散则为死。”养气是传统养生学的精要。形意拳“养性得天和”，用意练拳，行拳练气，练意调神，练养并重，静养与动养相结合，神完气足，周身畅通协调。

形意拳讲究内外三合。即心与意合、意与气合、气与力合的内三合；肩与胯合、肘与膝合、手与足合的外三合。形意拳的站桩练法，无论浑元桩还是三体势，也都要求“合”。这种“合”，既是动作协调一致、和谐平衡的技术要求，也是内在的心意思维与外在的形象动作相合一的表现。

第三节　晋商力量推动形意拳的形成和演变

明清晋商对山西武术的发展起到了不可替代的作用。明中期山西商人崛起后，为山西武术的发展创造了相对优越的经济基础。尤其在清代中后期，山西晋中的商业、金融业发展日益鼎盛，一方面，太谷、榆次、清徐、平遥、祁县等地超三分之一的人口经商，整体比较富有，以晋商为代表的社会经济力量雄厚，生意分布全国，能给到护卫优厚的报酬，为武术的传播提供了物质保障，吸引来众多武林高手到晋中谋生；另一方面，社会逐渐动荡，盗贼蜂起，长途贩运财物过程中风险倍增，人身、住宅、商号需要大量的习武者保镖护院，保障安全，从而为习武者创造了众多就业机会。

此外，晋商的从业者入行很严，非灵秀之人连当学徒的机会都没有，而晋商的商号、运输、家院、人身安全等都需要安全保障，因此许多商家愿意让员工和武林人物打交道，很多晋商子弟对武术有极大兴趣，乐意拜师习武。杨元德家在安国县做药材生意，他因此认识了李洛能的弟子刘元亨，拜为师傅。刘元亨也因这一层关系来到山西，长期在榆次、太谷收徒传艺。宋世荣、布学宽等人学武时候都在商号谋生。可以说，晋商为形意拳的创立和发展提供了全方位的条件。

清代后期的太谷城是山西的商业中心，“谈三晋富庶之区者，无不于谷首屈一指”，太谷有“旱码头”“小北京”“金太谷”之称，农业、金融业、手工业、医药业、粮食业、运输业等在山西较为领先。在那里社会生活节奏缓慢，民俗崇文尚武，人际交往心态开放。《车君毅斋纪念碑记》中记载“吾郡则自咸、同间此术独盛”，是指咸丰、同治年间（1851—1874），太谷为形意拳的产生和快速发展提供了适宜的社会环境。镖局促进形意拳传播范围及社会影响力提升，也为形意拳的拳技拳法和实战能力的提高做出了贡献；晋商“以商养武”和“以武护商”的和谐发展形势影响了形意拳师的职业生涯以及武德表现。喜武的儒商孟綍如（即孟璪，《太谷县志》作树纶，字綍如）等人为形意拳师提供环境，并帮助写出形意拳套路练功歌诀，促进了形意拳的形成和流传。

形意拳高手大多被祁县、太谷、榆次等地富商聘为护院拳师，给予礼遇和优厚待遇，使拳师的物质生活没有了后顾之忧。如形意拳高手李洛能在太谷富商孟綍如家护院授艺，吕学隆、胡铎、吴本忠、贺运亨等在太谷北洸村曹家，车毅斋、李复贞在太谷城内武家、祁县乔家，王凤翙在太谷上庄村王家，刘元亨（收徒有张彪、杨元德等人。张彪官至湖北提督，杨元德之徒侯树林威震武林，在榆次广收门徒，是形意拳在榆次蓬勃发展的重要人物，王瑛等十名高徒有“十虎将”之称）在榆次聂店王家，李太和在榆次北田侯家，护院之余收徒授艺，使形意拳在太谷、榆次等地扎根扩散。同时，武林高手以太谷为中心汇聚，他们以武会友、切磋技艺，形成了开放交流、合作提高的良好氛围。在良好的经济环境、人文环境的支持下，形意拳在山西有了充足的人才资源和社会保障。

随着中国社会经济基础发生变化，晋商衰败，形意拳师的生存环境变得严峻，他们为了生计进入各行各业，毕生钻研武学的人寥若晨星。

第四节　民族精神赋予形意拳更多文化内涵

晚清及民国时期，中国社会的巨大变革给形意拳的传承和发展带来新的机遇和挑战。在民主思想和尚武思潮的影响下，形意拳人在强国强种和振奋民族精神的感召下宣传形意武术文化，破除传承的限制并弱化门户之见，使其传播范围扩大，由山西、河北等地向祖国各地传布。形意拳家积极革新传播形态，在学校、军队、社团、国术馆中推广和传播拳术，公开出版发行理论著述，实现了形意拳的组织化、教育化传承和体育化、科学化转型。

彼时，中华民族受到西方列强的侵略，武林有志人士纷纷倡武救国，号召习练者抗敌御辱。各地形意拳人都表现出了高尚的民族气节。1888年，日本武林高手板山太郎在天津设擂，连连取胜，车毅斋毅然前往，以形意剑术打败板山太郎，维护了中国人的尊严，清政府授予车毅斋“花翎五品军功”。1918年秋，俄国大力士康泰尔在北京设擂，受过车毅斋指点的形意拳大师韩慕侠痛打康泰尔，为中华民族争得荣誉——这都使形意拳声震武林，有力地扩大了形意拳的社会影响，并使形意拳人形成弘扬爱国主义精神的传统。

民国时期，山西、河北的许多部队重视传统武术的技击功能，聘请形意拳高手教官兵习武。太谷形意高手赵守钰（1881—1960），曾担任西北军第八军军长；榆次人侯树林（1877—1965），曾在山西民军干部教练所担任大队长兼武术教官、山西粮服局卫队长兼武术教官；形意大师宋虎臣（1880—1947），曾任晋军王嗣昌部下的执法、督战总队长兼武术教练；太谷人吴立孝（1896—1983），参加牺盟会，在部队教官兵武术；形意高手侯俊宾（1900—1971），也曾在山西粮服局担任卫队长兼武术教官。形意拳高手在部队推广拳术，将形意拳和军人血性、保家卫国的使命产生紧密联系，使之得到更广泛的传播。

布学宽、宋铁麟、刘俭等人在太谷成立国术研究社，以公开习练形意拳的尚武方式，培养有骨气的爱国青年，并在抗战时期用各种方式支持抗日。孙德宜打败日军多名摔跤手，为八路军运送物资并打死日本兵；郭凤山、李三元等人在抗日战争和解放战争时期是我党的地下工作者，李三元曾护送刘伯承、邓小平等领导人经太谷赴延安。晋中年轻的形意拳高手胡光、史子谦、郑世桓、赵虎臣、刘铸等人直接奔赴共产党革命根据地，在那里教战友打拳、格斗，在战场上杀敌报国，起到了增强战斗力、弘扬民族精神的巨大作用。他们大义凛然、英勇杀敌的英雄事迹，融进红色文化，强化了民族自信心、自尊心，是进行革命历史教育的绝佳事例。形意拳伴随着英雄的事迹，代代相传，更加广为人知。

1935年，铭贤学校春季国术队师生合影。国术队把国术与爱国结合，熏陶出多位民族英雄

第五节　和平年代的社会巨变对形意拳产生深远影响

中华人民共和国成立以后的和平环境里，形意拳存在和发展的社会历史条件发生了巨大的改变。为保障社会与人身的安全，满足广大群众健身和娱乐的需要，形意拳的格斗技击功能大大减弱，被列为全国武术表演和比赛项目，走向群众健身运动，套路表演大大增多。21世纪以来，随着人民生活水平的提高和对健康长寿需求的日益迫切，形意拳的健身养生功能被充分重视和开发。

形意拳具有丰富的历史，在经济、科学、哲学、文学、美学、民俗、民族精神等方面极具价值，形成了相关的历史文化场所和实物载体，已经融入所在地的文化建设、社会发展和中华优秀传统文化、中国特色社会主义先进文化之中。非物质文化遗产的价值在中国得到普遍认可和推崇后，形意拳的文化价值得到越来越多人的重视，以太谷为中心的形意拳传承、推广条件因之大为改善。

近年来，国家积极推进形意拳的传承与发展。在太谷，有三万余人常年习练形意拳，形意拳积极活跃在社区、学校。形意拳组织常年开展活动，太谷、太原、榆次等地都涌现出形意拳领军人物，引领着山西形意拳的发展。北京、山东、上海、辽宁、江苏、黑龙江、河北、河南等地，形意拳习练者较多，团体活动开展得也比较活跃，推动了形意拳的发展；俄罗斯、美国、新加坡、日本、巴西等国，多年来都有人传播形意拳，这使形意拳成为世界性的拳种。

同时，社会生产方式、管理方式、生活方式的巨大变化，使形意拳的存在形态、传承方式、练习目的、功能作用等都发生了巨大变化。在信息社会，形意拳的传承保护和传播方式面临着许多新问题，如何妥善解决这些问题，推进形意拳的蓬勃发展，任重而道远。

第二章

形意拳的历史脉络

进入21世纪以来，山西形意拳获得了新生。随着人均寿命的延长和珍爱生命意识的觉醒，人民群众的健身养生需求更加迫切，拥有健康的身体成为人们的共同追求。形意拳对人的身体和精神具有独特的锻炼、保健功能，在养气、运动、康复等方面都具有明显的功效，而且形意拳柔化以后动静自然、形意合一的特色受到许多人的喜爱与推崇，学习形意拳的人日益增多。

第一节　形意拳的前身是心意拳

中国武术源远流长。形意拳起源于心意拳，早就是天下定论。心意拳何时由何人所创？至今却尚无定论。有人认为，心意拳是宋代名将河南人岳飞所创。更多的人认为，心意拳是明末清初的姬际可创立，由他的门人流传到山西中部和河南等地。

姬际可（1602—1683），明末清初山西永济人，据乾隆《姬氏族谱》载："际可，技勇绝伦。老年破流寇于村西，手歼渠魁，人号'神枪'，训次子，字龙峰。传艺河南，至今人以夫子事之。"太谷流传的《六合拳序》载："独我姬公，名际可，字隆风，生于明末国初，为蒲东诸冯人氏，访名师于终南山，得武穆王拳谱。"诸冯是指明代永济县陶邑乡诸冯里，姬际可是明代永济县诸冯里北义平村（今永济市张营镇尊村）人。

《六合拳序》记载，姬际可为了适应徒手自卫的需要，在传统武学文化基础上苦研多年，以枪理为拳理，揣摩动物争斗之技，以六合为法则，以意由心生，心之发动曰意，意之所动为拳，创编出"心意六合拳"，又称为“意拳”“六合拳”“际可拳”。

心意六合拳是怎样传到祁县，成为戴氏心意拳的呢？时间久远，史料匮乏，这段传承历程扑朔迷离，有多种说法。常见的说法来自《六合拳序》。姬际可游历河南、安徽等地时，传艺给安徽秋浦（今安徽省贵池市）人曹继武（1671—1706）。曹继武的徒弟之一便是山西祁县小韩村人戴龙邦。戴龙邦（又写作龙班、隆邦、龙榜，1713或1720—1802），是戴氏心意拳的创始人。戴龙邦“游至池州，（曹）先生以此拳授余，学之十易寒暑，先生曰：‘子艺成矣。’余回晋至洛阳”。

另一种比较普遍的说法，首见于祁县著名拳师戴魁（又名戴奎，1874—1951）指导徒弟郭映田编订的《心意拳术学》。该书记载：“龙班之艺，实学于李贞师、金世魁师。李贞传心意，金世魁传闸势。又李、金二师系河南鲁山县人。”（龙班即戴龙邦；李贞又写作李政、李榛。）

布学宽在《太谷形意拳沿革纪略》中的记载可以印证戴魁之说。布学宽写道：“清代中叶，河南人李政精通形意拳术，并开门收徒。其时祁县戴隆邦在河南佘其镇开设十家店，接待来往客商，闻李政名，拜李政为师，尽得其诀。”佘其镇在河南南阳，又作赊旗镇，今称赊店镇。

根据戴魁等人的说法，戴龙邦传给儿子戴文量、戴文雄（又作文熊）等人，从而开创了戴氏心意拳。

第二节 心意拳传入太谷

戴龙邦回到山西，把心意拳当家拳传授，禁止外传。多年后，戴家人才打破家规，把心意拳传给了河北深州人李洛能。李洛能是怎么学到心意拳并传到太谷的呢？

据1923年孙禄堂《意拳述真·形意拳家小传》记载："李先生讳飞羽，字能然，世称老能先生，或曰洛能、洛农、老农，皆一音之转也。"李洛能（1808？—1890？），清代直隶深州（今河北省深州市）窦王庄人，有"神拳李"之威名，著有《形意拳谱》，是山西太谷成为形意拳之乡、得以申报国家级非物质文化遗产代表性项目的关键人物，山西人多称他为李洛能或李老农。

1934年，《山西国术体育旬刊》上发表的《形意泰斗李洛能来晋学艺始末记》一文，描述了李洛能在山西学艺创拳的经过：

1836年，因仰慕戴氏心意拳，已是武林高手的李洛能千里迢迢来到山西祁县，多次向戴家提出学习心意拳，均遭戴龙邦拒绝。李洛能心意坚定，毫不放弃，他在小韩村租地种菜为生，并坚持给戴家人送菜，三年里从不间断，感动了戴文雄的母亲，戴母命戴龙邦打破“心意拳不得外传”的家规，把心意拳传授给李洛能。

这一说法在山西、河北曾颇为流行。但是仔细分析，李洛能不可能跟戴龙邦学艺，因为戴龙邦卒于1802年，这年李洛能还没出生。所以，教李洛能心意拳的一定另有其人。

李洛能的弟子李广亨在1895年写的《心意精义》（墨本）记载，戴龙邦的儿子戴文雄，小名二闾（二驴），于1839年传心意拳给李洛能。1925年镌刻的《车君毅斋纪念碑记》里记载：“戴氏小字二闾，则祁人也。戴氏祖传心意拳，少林外家支派，外传李老农。”“戴氏小字二闾”就是戴文雄。

此外，1935年戴氏心意拳传人高降横写的《形意拳基本行动秘法》一书记载，李洛能到河南南阳的佘其镇“慕技往访牛希贤”，不料牛希贤已年高体迈不能收徒，李洛能见到了在那里经商的戴文量、戴文雄、郭维汉等人，“文量等以其远道访师，行端情诚，遂与之相友善。于是，四人日究其技，行功弗辍”。该书提出李洛能的心意拳主要学自戴文雄，地点在南阳，否定了李洛能在祁县种菜三年始得学艺之事，时间也延迟到1840年之后的几年了。

因史料不足，李洛能的生卒年份、形意拳师承、学拳时间至今仍众说纷纭。但人们公认，李洛能向戴文雄学成心意拳。

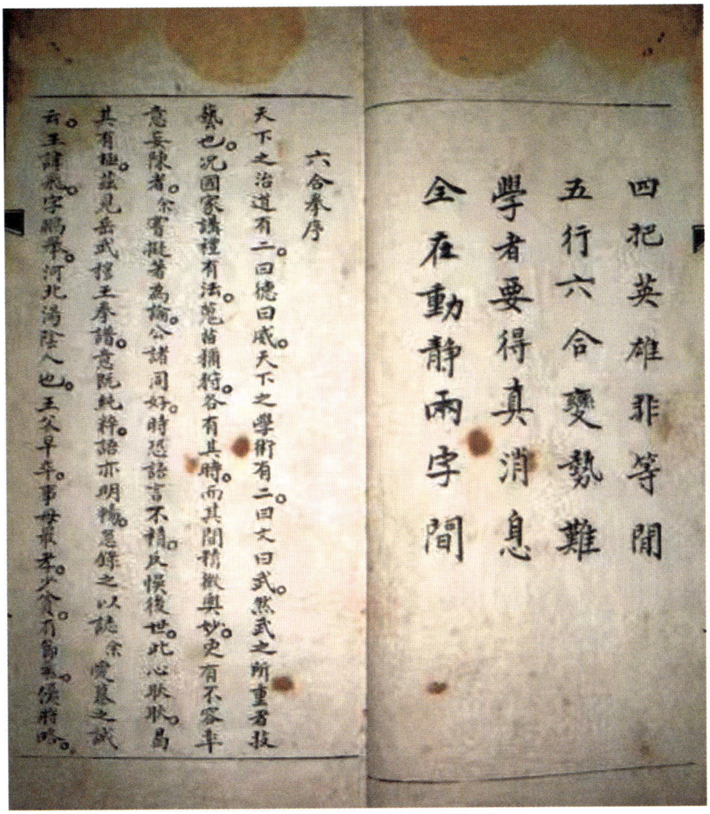
四把英雄非等閒
五行六合變勢難
學者要得真消息
全在動靜兩字間

六合拳序
天下之治道有二。曰德曰威。天下之學術有二。曰文曰武。然武之所重者技藝也。況国家講禮有法。範皆犄犄。各有其時。而其間精微奥妙。更有不容牟意妄陳者。余嘗批著爲論。公諸同好。時恐語言不精。反悮後世。此心耿耿。焉其有極。兹見岳武穆王拳譜。意既純粹。語亦明暢。急錄之以誌余愛慕之誠云。王諱飛。字鵬舉。河北湯陰人也。王父早卒。事母最孝。少負。有節氣。候府略。

《六合拳·序》

第三节　李洛能在太谷创立形意拳

1849 年，李洛能接受家住太谷县城的儒商孟綍如礼聘，来到太谷县，担任孟家的护院拳师。孟綍如十分欣赏李洛能的武功和武德，待他为“座上宾”。

李洛能创编了十二形及八式捶、杂式捶、龙形四把等单练套路，五行炮、五花炮、安身炮等对练套路。在孟綍如等人的协助下，李洛能从理论和实践两方面，对戴氏心意拳的拳技、拳法以及拳术套路推陈出新，特别是基本拳架中的步法由侧身弓步改为“形意半马步”，即将重心放在两腿之间，前行后退灵活自如，形成了当今流行的形意拳基本风格。

李洛能思考“心意”与“形意”的含义，觉得“心”与“意”本为一体，都是指人内在的思想、意念，而“形”是指身体外形、外在行为，“形”与“意”内外相合，象形取意、形意并重、内外兼修更符合六合真意，把“心”改为“形”更符合拳理和拳法特征，于是改拳名“心意”为“形意”。但太谷人仍习惯上称之心意拳，直到民国时期才普遍改称形意拳。

在太谷，李洛能的主要传人有儿子李太和以及车毅斋、李广亨、贺运亨、宋世荣、宋世德五大徒弟，这六人均为清末民初中国形意拳界的著名代表人物。

车毅斋是形意拳发展壮大的一代宗师，创立了车派形意拳

李太和（1842—1925），随父母寄居太谷，后来长期生活在太谷、介休、榆次三地。李太和在太谷随父亲学成形意拳，弱冠之时就以武技超人享誉武林，在晋中富户豪绅家保镖护院，后来与人合股做粮行生意，生活富裕。李太和晚年寄居在榆次，与同门师兄弟刘元亨（1836—1909）、刘奇兰的弟子王福元（1856—1916）、刘元亨的弟子杨德胜（1860—1940，太谷孟家庄人），以及自己的弟子们聚在一起谈拳授艺，因此，榆次的形意拳传承受李太和等人影响较大。李太和所传著名弟子有王有祥（榆社人）、侯剑峰（榆次人）、范彬（榆次人）及儿子李振邦、李振兴（顺邦）诸人。李振邦、李振兴的徒弟之一便是河北深州国家级非物质文化遗产代表性项目形意拳的代表性传承人张玉林。

车永宏（1833—1914），字毅斋，以字行，排行老二，人称车二师傅，太谷县桃园堡村人，后移居贾家堡村。1856年，李洛能收车毅斋为首徒，把戴氏心意拳“五行六象”全数传给车毅斋。车毅斋待人谦和，慷慨仗义，因家境贫寒未读过书，早年务农，在“积安堂”商号当过车夫。车毅斋天资聪颖，刻苦好学，深得形意拳精意，加之又从祁县戴家学全了未传于李洛能的心意十大形的后五形，形意拳和各种武功均炉火纯青，创编出十套对练套路。车毅斋后来主要以保镖护院和教拳为生，声望卓著，形成影响较大“车派形意拳”。

李广亨（1845—1930），今晋中市榆次区东赵乡上戈村人。

贺运亨（约1850—1924），太谷孟高村人。李广亨十五岁时到太谷城内“中兴正”钟表店当学徒，认识了孟綍如，在孟綍如的引荐下，与贺运亨同拜神拳李洛能为师。李广亨是榆次形意拳术的最早习练和传播者，武功高强，武术界称之为“试金石”。贺运亨腿功出众，人称“铁腿”。

宋世荣（1849—1927），字约斋，号镱泉；宋世荣的胞弟宋世德（1857—1921），字辅仁，别号云鹤。人称兄弟二人为“二宋”，原籍直隶宛平（今北京市大兴区），随父亲移居太谷做钟表生意，遂留住太谷。宋世荣轻功最好，擅长内功；宋世德拳术器械均佳。

布学宽教女学生国术

第四节　太谷成为形意拳“圣地”

1867年，李洛能回河北深州老家定居。车毅斋带领师弟贺运亨、李广亨、宋世荣、宋世德定居太谷城内，相互切磋，继续完善形意拳，并陆续开门授徒，民间有“五星聚太谷”之说。车毅斋等人先后创编了“连环手”“挨身炮”“十二连锤”等九个对练套路，淋漓尽致地展现了形意拳攻守兼备、以攻为守、内外相合、刚柔相济、稳固沉着、技击性强的风格。至19世纪80年代初，形意拳的基本拳术五行拳、十二形拳以及单练、对练套路等已经完备，形成了完整的拳种体系，使形意拳进入了新的发展阶段。

李洛能回到深州后，开启了形意拳在河北传播的历史，北方形意拳形成了以太谷为中心的山西形意拳和以深州为中心的河北形意拳（习称山西小架和河北大架）。

河北形意拳传人中，郭云深、刘奇兰在传承方面的成就首屈一指。郭云深的弟子著名者有其子郭深，弟子李魁元、许占鳌、钱砚堂、王芗斋等人，其中王芗斋在形意拳基础上博采众长创立“大成拳”；李魁元的主要传人有孙禄堂（创孙氏形意拳）、田慎泽、李汉章、马礼堂等人；刘奇兰的弟子著名者有李存义、张占魁、王福元及其子刘文华等人，其中李存义的主要传人有尚云祥（创尚氏形意拳）、郝恩光等人；张占魁乃形意拳、

1933年，太谷形意拳人习武照

1934年，太谷形意拳同人联欢合影。当时还习称“心意拳”

1889年，河北形意拳大师郭云深到太谷拜访车毅斋。坐者左起：车毅斋、郭云深，二人背后站者为杨德胜；左侧四人左起依次为吕学隆、李复贞、王凤翔、郭昆；右侧四人左起依次为王之贵、孟天锡、武杰、樊永庆

八卦掌大师，传授门徒学子达数千人，知名者有韩慕侠、王俊臣、姜容樵（传人沙国政创沙氏形意拳）等人。

山西太谷是形意拳当之无愧的圣地——“出生之地、成长之地”。郭云深、孙禄堂、李存义、张占魁、王福元等人都曾慕名到太谷以武会友，促进了山西、河北形意拳的交流和发展。如1889年郭云深从河北到山西太谷交流形意拳术；1900年李存义到太谷，车毅斋为其补教形意十二形，并传授形意对练套路；1903年郭云深再次来到太谷，同车毅斋商定十二形拳的排列顺序，成为武林团结开放的佳话。

有的形意拳名家的绝技没有流传下来，成为历史之憾。如民国《榆次县志·艺术录》记载：

> 彭稷山，西长寿人。天资敏锐，习形意拳法于王复元。按，形意拳创自吾晋祁县戴家，广于直隶及本省太谷等处。是拳形简而意深，手简而用广，为最深奥而不易学习之拳技。王师来自直隶深州，本县好艺者皆往学。稷山为后进，不数年尽得师传。山体躯瘦短，动则矫如游龙，疾若脱兔。虽名技击家亦辄为所败，行辈咸盛称焉。山为人自好，不轻授徒。中华民国初年，三十而卒。惜其绝技之不传也。

这段文字记载的王复元即王福元，是山西形意拳和河北形意拳交流并进的重要人物之一，他在山西传授的出名弟子有穆休易、刘士荣、白守华、宁钊、王继武等，近三十人。

第五节　形意拳柔化和成为群众体育项目

民国初年，拳术作为中国的“国粹”，改称国术，得到大力提倡。山西的太原、太谷、榆次以及周边各县的学校普遍增设国术课，许多形意名家被聘为学校的武术教师，河北的一些形意拳师来到太原等地传授形意拳，使形意拳在山西各地逐渐得到推广。

形意拳在太谷扎根和从太谷向山西多地推广的过程中，逐渐形成了山西的车派形意拳、宋氏形意拳两大流派。

1924年，车毅斋去世，他的徒弟李复贞、布学宽、刘俭、吕学隆、王凤翙、樊永庆等15人，徒孙56人和子孙4人为他树碑纪念。车毅斋的弟子们发扬光大了他传承的武技和武德，使车派形意拳成为山西最主要的流派。

太谷历来“撕扒”（技击散打）风气盛行，初创的形意拳注重实战，打法非常狠毒，不留余地，“举手不留情，硬打硬进无遮拦”，释放野性进攻意识，无柔和待人思想。

李复贞（1855—1930），尊称常有师傅，太谷人，是车毅斋的大弟子，重实战，充分继承了形意拳刚猛、粗犷、古朴的风格，年轻时从事镖运业，在刀光剑影中滚战过来，人称“技击泰斗”“常胜将军”。中晚年在太谷王家、祁县乔家等大户看家护院，传授武艺，收徒弟陈际德等近30人，人人能打善战。

布学宽（1876—1971），字子容，原籍祁县巩家堡。布学宽武功出神入化，全面继承车派形意拳械和诸家拳法外，还创编了各种套路，仅对练就有十五套，发展了车派形意拳体系，还创编了以柔克刚的“狮吞手”、健身方法“洗髓经”等，形成了自己“柔化练法、柔化打法”的武术思想，比武击败武术名家、气功大师胡耀贞，是名震山西以及华北地区的武术大师。布学宽改革了形意拳的传统练法和不顾对方伤残的打法，他传授形意拳时，强调初练可以练一段刚劲，再练必须转入柔化，以防止身体受害，布秉全介绍说：“（他）要求弟子们在练形意拳时，要讲究中和、自然、舒适，化刚为柔，由柔更刚，看似柔，内蕴刚，既起到健身作用，又不失技击内涵。在交手时，要在既不伤身，又不伤感情的原则下，以仁爱友谊精神去切磋拳技，讲究手法的变化，树立点到为止的思想。从而，跳出了普通习武人‘实用主义’打法的传统技击理念，体现了他追求人文道德的思想境界。”这样的改革，使形意拳能在学校得到更好的普及、在社会发挥保健作用。布学宽一生以提倡弘扬武术为己任，成为车毅斋之后山西最有号召力的形意拳大师和武术教育家。布学宽传张永义（1895—1981）、孙德宜（1904—1973）、阎耀武（字芝兰，1901—1978，著有

《山西车派形意拳》)、苏登瀛、布华轩、庞林太、吕家麟、巩崇富、武朝阳等百余弟子，该支现已传至第七代“会”字辈，佼佼者不乏其人。

刘俭（1886—1956），车毅斋的得意徒弟之一，人称铁柱师傅，太谷贾家堡人，曾冒死保护车毅斋纪念碑。刘俭传吴治泰、吴连富、吴殿科（“吴氏三杰”)、胡万瑛、高庆瑛、段振等人。吴治泰传杜玉儿、高宝东等人；吴连富传杨凡生、杜根玉等人，吴殿科传吴秀峰、吴会明、吴会进、程素仁等人。该支人才出众者不在少数。

李洛能的徒弟宋世荣功法自成一派，收徒严格，所创宋氏形意拳的第一代传人只有十余人，但个个拳艺高超，名闻遐迩，如宋国英（字虎臣，以字行)、宋国祥（字铁麟，以字行)、任尔琪、贾万隆（字蕴高，以字行)、赵守钰、王嗣昌等人。宋虎臣传董秀升、车润田、张效先等人，宋铁麟传吴立孝、赵永昌、宋光华等人，贾蕴高传郝湛如等人。宋氏形意拳的第二代弟子人数已超半百，如今传至第七代，海内外弟子数以万计。

中华人民共和国成立之后，形意拳受到党和政府的重视。各高校体育教师中不乏形意拳名家，形意拳被编入供全国各大体育院校使用的通用教材《武术》。20世纪五六十年代，形意拳被列为武术比赛项目和表演项目，表演观赏性增强，技击性大为减弱。在太谷县首任县武协主席布学宽的领导下，太谷设立了七十五个形意拳推广站，城乡武术活动者数以千计，其中百分之八十的人是车派形意拳的练习者。

岁月不居，人事代谢。近七十年来，刘俭、孙德宜、布学宽、宋铁麟、武承烈、张永义、杨永蔚、吴立孝、吴治泰、王鸿、侯树林、穆休易、吕加林、吴连富、吴殿科等颇有影响的形意前辈陆续辞世，带走了一个辉煌传奇的形意时代。同时，他们的门生晚辈数以万计，薪火相传，优秀者成为形意文化的中流砥柱。如太谷走出来的李三元、孙国栋（二人为山西省武术队教练）、贾惠卿（山西体育职业学院武术教授）、程登华（晋中市体委群体科科长）、李巧玲（北京体育大学武术教授）、杜振远（山西大学武术教授）、李泰良（世界武术搏击联盟副主席）等都曾在全国性武术比赛中获奖，步入武术专业之路，为形意拳发扬光大做出了突出贡献。

中华人民共和国成立以来，形意拳也有改革创新，如李三元创编了“综合形意拳”，张希贵创编了“四十八式形意拳”，高宝东创编了“综合形意枪”。1998年，国家体委审定通过了形意拳的一个徒手规定套路和四个形意器械规定套路，使之更有利于形意拳的教学、比赛和普及。

20世纪80年代以来，山西形意拳的发展一度呈上升态势，技击性更为减弱。1981年山西省成立了形意拳研究会（1995年改为形意拳协会）。太谷等地的拳社、协会、馆校纷纷成立，形意拳传人经常进行形意拳的演练和技击交流活动，阎耀武、布秉全、吴殿科、宋光华、程素仁、吴连儒、王喜亮、孟庆威、王文清、车向前等人著书立说，以挖掘整理和宣传推广形意拳文化为己任，对形意拳的传播发展做出了重要贡献。张希贵等名家不仅组织山西省的形意拳交流和比赛，还从1990年起与省外同仁组织了多届全国形意拳邀请赛，2001年在平遥举行了山西首届国际形意拳邀请赛，扩大山西形意拳的影响。

在经济发展的大潮中，随着社会生活节奏的加快和生活压力的增大以及学生学业负担加重等情况的出现，山西形意拳一度后继乏人，陷入低谷。

第六节　入选国家级非物质文化遗产代表性项目

21世纪以来，山西形意拳获得了新生。随着人均寿命的延长和珍爱生命意识的觉醒，人民群众对健身养生需求更加迫切，拥有健康的身体成为人们的共同追求。形意拳对人的身体和精神具有独特的锻炼、保健功能，在养气、运动、康复等方面都具有明显的功效，而且形意拳柔化以后动静自然、形意合一的特色受到许多人的喜爱和推崇，因此学习形意拳的人日益增多。吴秀峰、布华轩、布援强等人在全民健身中传播形意拳、洗髓经等，发挥了重要作用。

与此同时，生活环境、生活方式和工作方式的巨大改变，导致习练形意拳者不再有终日浸淫其中的社会氛围和环境，以健身养生为目的习练并不能深入全面地掌握形意拳，因此形意拳出现名家大师、技击高手的概率大为降低。然而，依然有衷心热爱形意拳的武林人士薪火相传，如布秉全、吴会进等人，正确对待形意拳的活态流变性，深钻细研、刻苦习练传统形意拳，在保持形意拳的恒定性方面全力以赴。

形意拳具有的文化认同作用、教育作用鲜明，其科学性、艺术性、历史性等特色令人瞩目。2006年12月，形意拳被山西省列入省级非物质文化遗产代表性项目。2012年，宋光华、吴秀峰、布秉全、高宝东、杨凡生被确定为省级非物质文化遗产代表性项目形意拳代表性传承人。2011年，太谷县申报的形意拳被批准为国家级非物质文化遗产（扩展项目），宋光华于2018年成为国家级非物质文化遗产代表性项目形意拳代表性传承人。形意拳自被列入“非遗”项目以来，在山西各地尤其是太谷、太原等地受到切实重视，传承环境大为改善，形意拳传承人增添了自豪感、责任感。有关形意拳的书籍、光盘，网站、视频、直播、公众号等促进了形意拳的普及和提高。

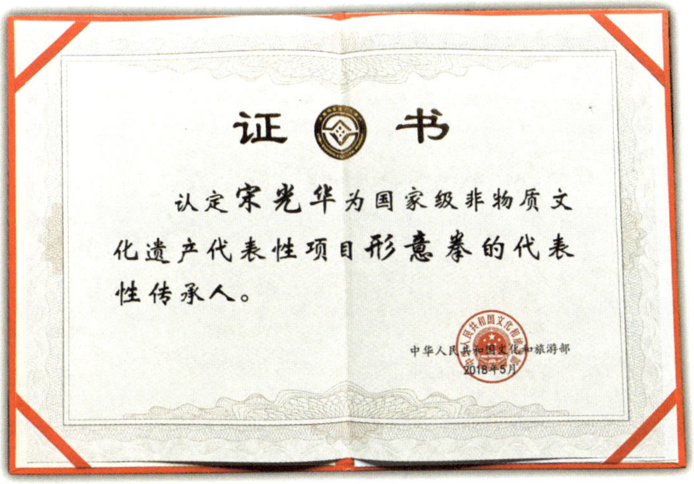

宋光华是山西省唯一的国家级非物质文化遗产代表性项目形意拳的代表性传承人

2011年，中华人民共和国国务院公布、中华人民共和国文化部为形意拳颁发国家级非物质文化遗产证书

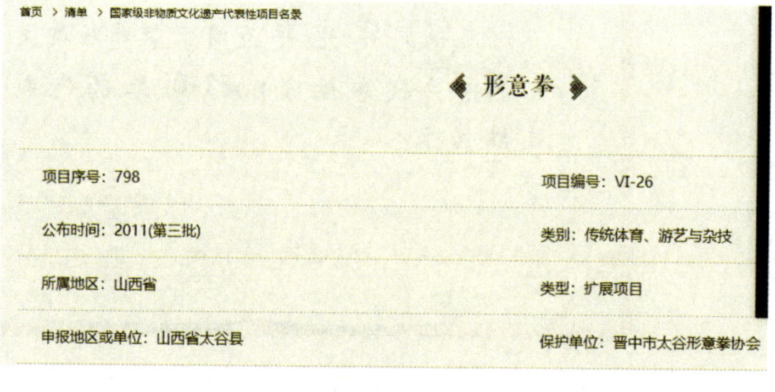

2011年，山西省太谷县申报的形意拳入选国家级非物质文化遗产名录

第三章

形意拳的文化传承

形意拳的文化传承方式越来越多样化，但始终以家庭和师徒传承为主。传承过程中，拳理比较恒定，而外在的技艺、道德规范在保持文化传统的同时有较多变化。山西形意拳在传承中出现流派是一种自然现象，传承环境随着社会发展发生了巨大变化，文化传承则越来越趋向社会民众健身养生的需要。

第一节　形意拳的传承方式

形意拳传承大多通过血缘、地缘、业缘等途径，通过家庭、师徒、师生、熟人四种传承方式，圈层传播，辐射各地，具有极明显的开放性。

一、家庭传承

以血缘为基础的文化传承是一种稳定的文化传承，也是非物质文化遗产最可靠的传承方式。在形意拳的传承系谱中，不乏“一脉相传”的家庭传承。例如：“宋世荣、宋世德—宋虎臣、宋铁麟—宋光华—宋宝贵”一系；“布学宽—布华轩、布秉全—布援强”一系；“吴殿科—吴秀峰、吴连儒—吴会进”一系等。家庭传承中，“香火”通过血缘延续的使命感与师徒关系的重合，会有更多的耳提面命、精心指导，从而有效地保障了形意拳较为深入、完整的保存和延续。

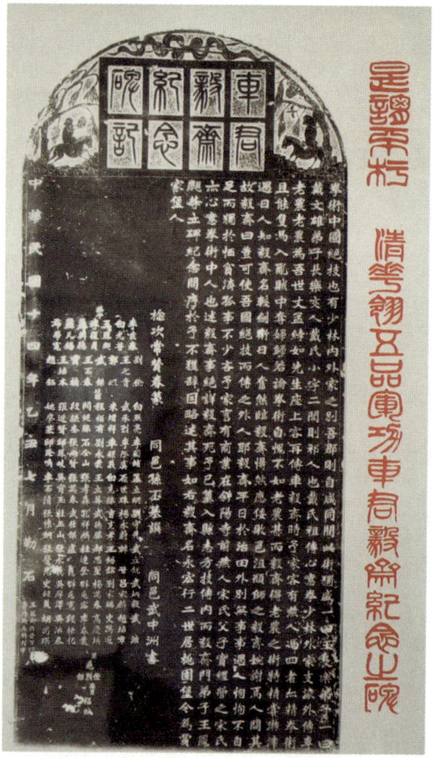

1925 年刻成的《车毅斋纪念碑记》
是珍贵的武术文物

宋世荣像

二、师徒传承

师徒传承是中国传统武术传承中最为主要的传承方式，也是形意拳最核心的传拳手段。师徒的双向选择扩大了选择范围，能为师傅找到中意的传承人，能为弟子找到心仪的师傅。习练者根据师承关系结成拟血缘关系，依靠传统伦理的约束力来达成拜师收徒目的，从而实现形意拳的文化传承。

确立师徒关系大多数需要举行拜师仪式，以增强归属感和对形意拳文化的深入认同。徒弟拜师前一般要有较长时间的观察期，期满后经人引荐，由保人保证不会胡作非为、背叛师门，才能拜师。拜师仪式具有传统文化的特色，不同时代、不同门派的仪式存在些许差异。

形意拳拜师仪式重要环节的传承较为稳定，如请像、递拜师帖、行跪拜礼（磕头）等被稳定传承。举行仪式时要给祖师爷们摆供，长辈在前，晚辈站后，一辈一辈地给祖宗牌位烧香磕头。

“师承帖”是一种正式拜师的书面“证明”，同时也象征着徒弟心甘情愿拜师，自愿谨遵门规，受师徒伦理约束。“请像”在过去是请鼻祖岳飞和祖师爷李洛能的画像（牌位），现在大多是请李洛能及其后本门各辈祖师。行跪拜礼作为重要的传统礼仪一直延续，被庄重对待。拜师人把拜师帖递给端坐在面前的师傅，并向师傅敬酒（茶），师傅接帖、喝酒（茶），勉励弟子后，拜师礼成。

形意拳本质的作用是技击拳，是“杀人术”。师傅为避免徒弟学拳后惹祸，重视对徒弟的武德教育，考验徒弟的道德品性、个性修养，不到一定程度绝不轻传技击技术，也不是所有的弟子都给“开手”，即教给实战打法。得到真传，成为真正意义上的徒弟的，都是“开手”的徒弟。

三、师生传承

在形意拳的传承史上，1918 年，布学宽最早开启了在校园中教授形意拳。2008 年 12 月，太谷县教育局正式把形意拳列入太谷县中小学的课程当中。学校是当今形意拳传承的重要场所，但师生传承是通过班级化教学，习练时间和内容很有限，仅能起到启蒙心智、激发兴趣、强身健体等初步作用，传承力度和深度达不到形意拳文化和技艺的深层之处。

目前，形意拳基本上是太谷各个学校的必修课程，有的学校除上体育课教授形意拳外，还以武术队的形式传授形意拳，许多大学也有教形意拳的教师。影响较大的老师有：太谷县南杨家庄贝露文武学校的校长杨智，太谷县职业中学校武术教练杨利勇，山西农业大学体育系主任王文清，山西农业大学信息学院武术教师侯锦升、宋玉龙等。

1936年,布学宽与弟子们在布宅老院南厅前合影留念。第二排左起:郝守芝、孙德宜、韩万富、布学宽、张永义、车踩藻、阎耀武

四、地缘传承

地缘里熟人的群体行为对文化的存在和传承起着重要作用。在农业社会，无论城乡，人们习练形意拳都有氛围、有闲暇，除了打算以武为谋生本领的之外，很多人是把练形意拳当作一种锻炼身体的传统游戏、共同话题，受从众心理影响，村子里、街道上的伙伴去学拳了，自己自然也就去了，大家一起“玩一玩”，维系日常交往，保持一种“熟人加同伴”的关系。这样，形意拳逐渐成了维系社会关系的文化纽带，人们也通过习练形意拳建立起了社交圈，找到了群体认同，甚至有的村落建构了“尚武”的社会形象。

此外，以村庄、学校、企业、武馆、协会等为组织单位，逢年过节开展形意拳的展示与表演，红火热闹，使形意拳成为人们日常生活中喜闻乐见的集体娱乐项目。这种传承活动虽然时间短，不深入，但丰富了人们的日常生活，对增加形意拳的群众基础起到了良性推动作用。

从家庭到师徒，再到师生，再到熟人，随着传承空间的逐步扩大，受众面越来越广，“传承”主题越来越淡化，多了“传”而少了“承”，常常是“讲拳的多，说功的少”，在民间有“学到拳的是学生，学到功的是徒弟”的说法。所以真要学到形意拳的精髓，除了家学渊源的便利条件，最有效的就是拜师学艺了。

第二节　形意拳的拳理和技法传承

形意之道，远溯周易，近宗王阳明心学，博大精深，在拳名、拳理、拳法、攻防动作、健身理念等各个方面都体现着中国传统文化的精华。形意拳的技法、套路、仪式、行为规范等，显现出一定的活态流变性，但深层的中华优秀传统文化恒定不变。华中师范大学国家文化产业研究中心硕士杜磊指出：“形意拳创生于中国传统文化之中，在传统天人合一、物我一体的观念和注重系统的思维倾向下形成了其基本拳理：象形取意；阴阳为母；三节为用；四象为根；六合为法。同时修齐治平、仁义礼智的传统道德也被形意拳吸收发展为自身的武德规范。形意拳通过吸收传统文化内涵形成了自身的文化基因，其在形意拳发展的历史中被不断传承且影响着形意拳的发展，而这一文化基因以及在发展过程中产生的文化内蕴是形意拳非常重要的部分。”

形意拳源自心意拳。从名称来看，心意拳曾在历代习武者中有过多种拳名，如岳飞拳、岳武穆王拳、际可拳、意拳、心意六合拳、心意拳、六合拳等，赋名岳飞拳、岳武穆王拳、际可拳，是纪念崇敬创拳鼻祖岳飞、姬际可（最早的创拳人是谁，至今没有定论），体现了崇贤尊师；赋名意拳、心意六合拳、心意拳、六合拳，既能表现拳理，又能彰显特征，承载着中华民族对道德伦理、哲学智慧的理解与应用。

形意拳具有开放性、包容性，在技法内容上的活态流变程度较大。在形意拳史上，继承和创新精神极其鲜明。在李洛能创拳之前，姬际可在少林五拳的基础上创立了心意拳十大真形。戴氏学到拳法后又增加了五行拳和鼍形、鲐（又作骀）形两种象形拳，还加入了螳螂拳内容和道家内丹修炼法。李洛能及其弟子们创立、完善形意拳的时候，他们依据拳理，在原有基础上对技法内容进行了新的创造：桩功由“三才势”改为“三体式”，少林弹腿改编为形意弹腿，吸收鸳鸯脚技法，修改五行拳练法，改进十二形拳，创编套路；宋世荣等人又融入《内功四经》练法等等。进入20世纪，形意拳技法内容的主干十二形拳和五行拳等已经成形，在此基础上延展出了新的形意拳技法，如布学宽创造了狮吞手和洗髓经练习功法，任尔琪创编了五翻鸳鸯掌和三节推掌，宋虎臣创编了十面埋伏、战斗枪、呼雷剑等徒手和器械套路，李三元创编了综合形意拳套路，高宝东创编了综合形意枪。因此，原生态的形意拳具有开放、创新的基因，一直在自然的流传衍化之中。

1940年，宋虎臣60岁生日时与众门人合影。前站立者左起：宋光洁、宋光耀、宋光华；中排左起：白维寰、史一峰、吴立孝、宋铁麟、宋虎臣、李宗山、陈锡荣、丁亥则

2022年7月，传统形意拳吴殿科门人收徒仪式合影

第三节　形意拳的道德规范传承

中华优秀传统文化由儒家发展为修齐治平的社会理想，仁义礼智信的传统道德，形意拳人吸收后形成自身稳定的武德规范。形意拳人具有崇德倾向，武德规范在形意拳的传承中较为稳定。

在道德规范方面，形意拳有重视武德的传统。最早关于形意拳武德的记载，是心意拳老谱所传的："设若妄传无义人，招灾惹祸损寿年"，强调传承以德为先。《形意拳发展史略》记载，戴文雄曾口授车毅斋戴氏祖训："习武当以武德为重，艺成务要扶危济贫，传艺要以不欺人为本。"形意拳创拳时期，李洛能和车毅斋武功精湛、开宗立派，但都缺乏文化知识，孟綍如非常喜好练拳，为李洛能师徒创立形意拳提供了理论指导和文化解释，还制定了"三传""三义务""六不传"的武德规范。"三传"为"为国为民者，尊师尊长者，作仁作义者，可传"；"三义务"为"维护正义，扶助贫弱，协助师友"；"六不传"为"欺师灭祖者，为非作歹者，忘恩负义者，害友欺名者，懒惰怯懦者，愚蠢狡顽者，不

宋氏形意拳的拜师帖正面

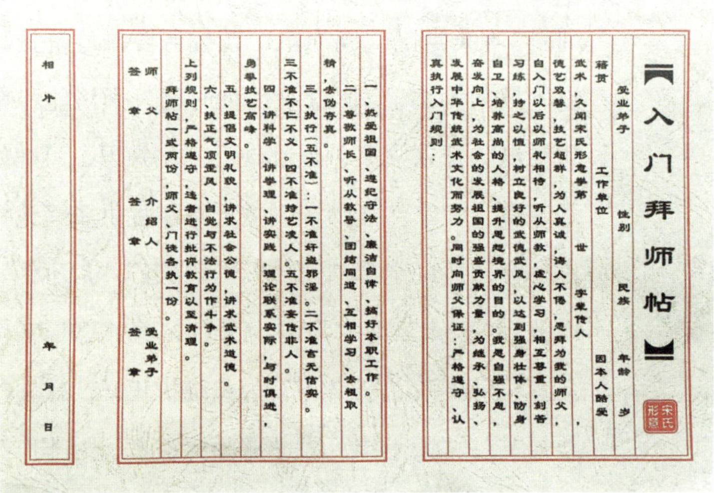

【入门拜师帖】

受业弟子　　性别　　民族　　年龄　　岁

籍贯　　工作单位　　因本人酷爱

武术，久闻宋氏形意拳第　　世　　李巢传人　　，

德艺双馨，技艺超群，为人真诚，诲人不倦，愿拜为我的师父，

自入门以后以师礼相待，听从师教，虚心学习，相互尊重，刻苦

习练，持之以恒，树立良好的武德武风，以达到强身壮体、防身

自卫、培养高尚的人格、提升思想境界的目的。我愿自强不息，

奋发向上，为社会的发展祖国的强盛贡献力量，为继承、弘扬、

发展中华传统武术文化而努力。同时向师父保证：严格遵守、认

真执行入门规则：

一、热爱祖国、遵纪守法、廉洁自律、搞好本职工作。

二、尊敬师长、听从教导、团结同道、互相学习、去粗取精，去伪存真。

三、执行（五不准）：一不准奸盗邪淫。二不准言无信实。三不准不仁不义。四不准持艺凌人。五不准妄传非人。

四、讲科学、讲学理、讲实践，理论联系实际，与时俱进，勇攀技艺高峰。

五、提倡文明礼貌，讲求社会公德，讲求武术道德。

六、执正气顶歪风、自觉与不法行为作斗争。

上列规则，严格遵守，违者进行批评教育以至清理。

拜师帖一式两份，师父、门徒各执一份。

师父　签章　　介绍人　签章　　受业弟子　签章

相片

年　月　日

宋氏形意拳的拜师帖正文内容

传”。形意拳形成后很长一段时间，很多形意拳人从事保镖护院的工作，因此儒家“仁义礼智信”等优良品质，晋商尚信义、重规范等道德倾向等都对形意拳人有着重要影响，并逐步融入形意拳人的门风，代代相传。对形意拳人有重大影响的布学宽特别强调练武之人的口德与手德，他认为：“练形意拳就是要增强身体素质，提高自卫技击能力，好好修心养性。”他还常说：“武林中人要讲义气，守正气，要修心养性，有武德。功夫再好，武德不好也不行。做人要堂堂正正，练武要踏踏实实。”他要求弟子门人不准恶语伤人，不准出手伤人；要宽大为怀，容人容事，行善积德。

通过习练形意拳，传承者受到了其核心文化精神、拳理、武德规范、技法、文化传统及群体互动等综合影响，也在自己的武术生涯中展现出这种影响对其行为的指导意义。1914 年，车毅斋、宋世荣等人与河北形意拳传人李存义确定了“华邦惟武尚，社会统强宁”十字辈分次序词，强调要救世济民。此后，形意拳人开始以强国强种为期盼，广泛通过国术馆、学校、军队等传授形意拳，发展体育，宣传爱国思想，抗战时期直接或间接参加抗日斗争。这种体现民族精神的自强、爱国道德要求经历史反复强调后，已经成为形意拳人自觉的道德意识。

布秉全认为："形意拳是中国优秀的民族文化遗产，体现的是人体生理和精神的修炼之道。尚武必须崇德，授拳首重育人。教拳学武先学做人，是我们习武人的文化精神。"因此，他期望各位布门传人把武德修养贯穿于日常生活之中，"不论师傅还是徒弟，都要严格要求自己，身体力行，行善积德，做一个对社会有益的公民"，为此提出了《形意拳布门传人品德修养须知》，如下：

要爱国爱乡、精忠报国；要爱岗敬业、勤奋工作；
要仁中取利、义中生财；要尊师重道、敬老爱幼；
要遵纪守法、维护公德；要孝敬父母、善待妻儿；
要忠厚朴实、宽容仁爱；要谦和礼貌、平易近人；
要诚信义气、知恩图报；要匡扶正义、见义勇为；
要团结同道、尊重外门；要虚心好学、精益求精；
要顺其自然、淡泊名利；要崇尚简朴、淡雅大方；
要自强自立、自尊自爱；要严守师训、日日行功。

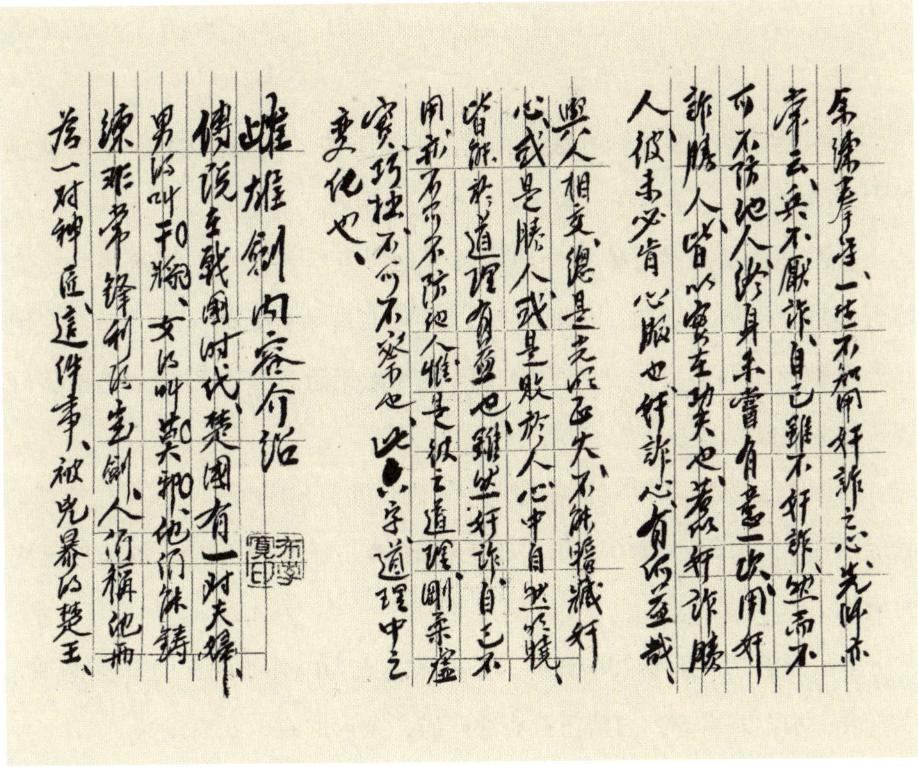

余练拳学，一生不知有奸诈之心，先师亦常云：兵不厌诈，自己虽不奸诈，然而不可不防他人。终身未尝有意一次用奸诈胜人，皆以实在功夫也。若以奸诈胜人，彼未必肯心服也。奸诈之心，有何益哉。

与人相交，总是光明正大，不能暗藏奸心。武是胜人，武是败于人，心中自然如镜，皆能于道理有益也。虽然奸诈，自己不用，我亦不可不防他人。惟是知己之道理，刚柔虚实巧拙，不可不知者也。此点字道理中之变化也。

布学宽印

雌雄剑内容介绍

传说在战国时代，楚国有一对夫妇，男的叫干将，女的叫莫邪。他们能铸练非常锋利的宝剑，人们称他们为一对神匠。这件事被凶暴的楚王、

布学宽手书道德感言和武学内容

第四节　形意拳的流派传承

山西形意拳的拳理基本保持一致，但在练法、特色等方面和省外区别较大，即使同一流派，在山西本省，也不尽相同。

山西形意拳突出三体势桩功的练习，以五行拳和十二形拳为主，套路有单练、对练和器械，内容丰富，其特点是拳势紧凑，劲力精巧。河北形意拳与山西形意拳交流频繁，内容较为相近，其拳种特点是拳势舒展、稳健扎实。

山西形意拳原本没有流派之分，自20世纪80年代以来，出现“车派形意拳”“宋氏形意拳”和“布氏形意拳”等流派之说，多年来已广为流传。

车派形意拳。创始人车毅斋，该流派特点为内外兼修，虚实响应，防中寓攻；刚柔兼用，劲力精巧；势法严谨，象形取意，式简意深。

宋氏形意拳。创始人宋世荣、宋世德兄弟，该流派的主要特点是象形取意，步正身稳，力沉劲整，刚柔相济。

山西形意拳为什么会出现“车派”“宋氏”“布氏”的说法呢？究其原因，在于车毅斋的历史影响力强大，他不仅教授了很多优秀的弟子，而且徒孙众多，人才辈出；布学宽和宋铁麟继车毅斋之后，武学各有创造和侧重，同时他们的人格魅力大，统领山西形意拳将近六十年的时间，门人弟

宋光华著《宋氏形意拳》

宋光华著《宋氏形意拳续编》

阎耀武著《山西车派形意拳》

子同样很多。布秉全、王文清等人不支持把山西形意拳分开派别。布秉全认为布氏、车派都是一派。王文清认为，无论哪个人对一个拳种都不能掌握全，只有不同的几个人各有偏向，才能较为完整地展示一个拳种。形意拳的风格特点在各家手里边都有不同体现，这三家各自保留了形意拳在某方面的风格特点，合起来才比较完整。

宋光华认为，宋氏形意拳独立于太谷其他形意拳之外，他认为自己的祖上宋世荣、宋世德等人以《内功四经》为指导，结合形意拳的特点，形成了自成体系的一脉，因此，宋氏在传承中以《内功四经》为指导，而别的形意拳传人都没有这样的指导思想，所以宋氏形意拳相对独立发展，自成一脉。

拳种的发展不能故步自封，要不断地发展、丰富和完善，“非遗”的活态流变也在同时进行，“车派形意拳”“宋氏形意拳”等其拳理相通，又各有独到之处，形成了各具特色的文化传统，得到了圈内的文化认同。同时，各家形意拳人打破门户界限，相互借鉴，各扬其长，齐心发展形意拳。宋宝贵曾对笔者讲：形意拳自创立以来，一直强调团结发展，之所以出现宋氏、布氏……只是在车派形意拳之名出现后为交流时作区别而命名。

1960年，山西省《形意拳》编写小组留念。前排左起：孙武凡、宋铁麟、布学宽、郭萌轩；中排左起：赵永昌、吴立孝、王宁国；后排左起：李三元、苏登瀛、郝学儒、李桂昌

第五节　形意拳传承环境的嬗变

形意拳从其前身姬际可创立的心意拳至今，已经有三百多年历史，传承环境发生了翻天覆地的变化，形意拳性质和功用也随之而变，历久弥新。

姬际可创拳时正值明清易代，拳术主要是作为一项自保及反抗技能，传至山西祁县戴家后，主要是作为自保与健身方式，在家族内传承。李洛能创形意拳时的晚清，晋商文化和山西尚武精神的社会背景，为形意拳提供了合适的萌生土壤、传拳环境和发展空间。形意拳的拳师们为晋商保镖护院，把形意拳职业化，实现了社会经济价值。保镖护院、完成职业使命的实际需要，使形意拳成为实战性强的拳种，博得“能打”的名声，出现“太极十年不出门，形意一年打死人”的民间谚语。

晚清时期，有的形意拳人投身军旅，逐渐做出一番事业。最有代表性的是张彪。张彪（1860—1927），字虎臣，榆次区乌金山镇西左付村人，幼年家贫，拜刘元亨为师学习形意拳，武功出众，是第三代形意拳弟子中的名家。1877年，张彪到山西巡抚的抚标当兵，当年考中武秀才，后来得到张之洞赏识重用，因屡次在危难之中完成军事任务而飞黄腾达。张彪赴日本学习新式军事理论和技术后，训练湖北新军，官至湖北提督。为传承中华武术，张彪在湖北新军成立了武技保存队，对此，1908年4月19日的《申报》报道：

> 鄂军统制张虎臣镇军，因新军兵士均系研究东西洋各国操法，中国昔日武技从此殆将失传，爰仿存古学堂之意，建设武技保存队，就督抚标防营挑选强壮之兵士充当，额设五百名，肄习步骑、弓箭、刀、剑、拳、棒各武术，分为二十棚，置教练长四人。房屋拟以抚标旧营房修改借用，不日即可开办。

民国时期有多名山西籍的著名政治人物是形意拳高手。如宋世荣的徒弟赵守钰（1881—1960）曾任陕西国术馆馆长、西安警备司令、第八军军长，是国民党陆军中将；南汉宸（1895—1967）曾任第三军政治工作委员会委员长、陕西省政府秘书长、中国人民银行首任行长；王嗣昌（1880—1953）曾任山西第三师师长，是国民党陆军中将。

顺应时代发展的需要，民国时期，形意拳前辈们于实践中完善拳理、拳法，提高道德修养，特别是布学宽柔化练法和打法的拳学思想和实践，改变了过去传统形意拳刚猛、粗犷的练法，狠毒、粗野的打法，既有健身

1965年,太谷城关武术推广站师生合影。第三排坐者左起第五人为老拳师布学宽;第一排右一为李巧玲,左一为李泰良;第三排右三为庄延秀

的作用，又不缺少技击的内涵，丰富了形意拳文化，适应了后来群众健身的需求。

民国时期，军人当政，比较重视武术对改善国民体质和精神面貌的社会作用，社会上弥漫着强身心、救中国的自强意识，国家积极倡导普及武术，武术传承中的家族观念与地域局限逐渐被打破，为形意拳的传播提供了良好的社会条件。

1927 年，山西国术馆成立，此后，山西全省共出现五百六十多个民间国术组织。其中，较为著名的有山西国术促进会、太原市各校国术团体联合会、山西国民师范武术研究社、晋阳国术馆、太原国术馆、太原国术改进研究会、榆次县国术馆、太谷县国术馆、大同县同善国术会、孝义国术促进会、五台县国术馆、河边国术馆等，扩大了形意拳的传播面，造就了大批的武术人才，从而使形意拳得到快速发展。其中，太谷在 1935 年建立国术馆（开办至 1937 年秋日军迫近太谷之时），按惯例县长兼任正馆长，选宋铁麟、布学宽为副馆长，委任宋铁麟负责，著名拳师宋铁麟、布学宽、李振兴、朱福贵、刘守业、董德茂、武炳毅、杨应怀、陈际德、杜级三、车兆烈等人授课，以教习形意拳为主，兼习器械，其他拳术套路也可选学，形成了太谷县形意拳发展

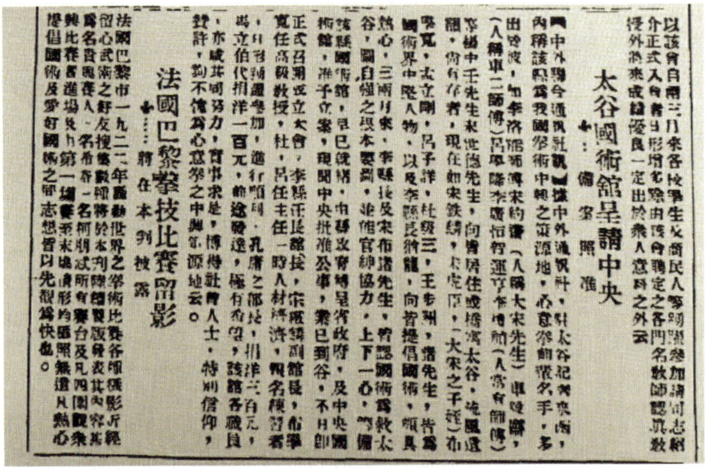

太谷國術館呈請中央

備案照准

法國巴黎拳技比賽留影

將在本刊披露

1935年，太谷国术馆经山西省政府和中央国术馆批准备案的新闻报道。报道中称太谷“为我国拳术中兴之策源地”

2018年，在山西省太谷县召开的“车毅斋武馆”杯第六届国际形意拳交流大会上群英荟萃

史上技术活动的高峰，对太谷县的武术发展起到了重大的促进和推动作用。

1915 年 4 月，在全国教育联合会第一次会议上，许禹生等人委托北京教育会代为提出《拟请提倡中国旧有武术列为学校必修课》的议案，并呈报教育部，以达到在全民中提振尚武精神、培养健全体魄、塑造高尚人格的目的。教育部采纳建议后，武术进入学校教育。在山西，太原国民师范、山西大学、省立法政专门学校、省立第一中学、云山、三晋、新民、友仁、并州等许多大中专学校都开设有武术课程，以班级制的授课方式传授，改变了民间“师徒传教”的传习方式，极大地提高了武术传播的效率并扩大了传播范围，培养了大批既会武术又有文化的高素质武术人才。

形意拳便于战场格斗，有极强的实用性，成为山西许多学校拳术的首选。张书田先生撰写的《形意拳术述真》记载太原国民师范学校的武术教学，开设了拳术（形意拳）、棍术（九州棍）、剑术等方面的课程，尤其以突出形意拳为学校特色，“李（彬堂）王（俊臣）二位老师专通形意、八卦掌术，尤长于剑术；刘文华（殿琛）老师……专著有《形意拳术抉微》一书”。国民师范学校培养出著名的武术拳师有张书田、徐登榜、田际成、常国钧、陈杰、庞维国、李占文、姚宋文、杨万锺、柳中泉、侯广楼、黄鸣宝等人，为后世山西武术的发展做出了巨大的贡献。

在太谷，1918年，布学宽任太谷县体育会主任，专门在各校学生中传授形意拳及其他拳术，开创形意拳进校园的先河，变师徒关系为师生关系。最多时，布学宽兼授太谷城关九所学校的武术课。其他形意拳师如宋铁麟、张永义、孟立刚等人也有在学校教拳授艺的。因当时学生有充足时间用于习练形意拳，且太谷具有“天时地利人和”之有利条件，因此共同培养了大批形意拳的后起之秀，如抗战时期中国共产党的首任太谷县委书记侯维煜、把形意拳传至巴西和我国台湾的武朝相，都是当时习练形意拳的优秀学子。

随着科技的发展，在长期和平的年代里，人们求学、谋生等生活方式发生了巨大变革，习武传统已经淡化。在今天“不讲打”的社会中，形意拳的传承环境也发生了根本性的改变。从车毅斋、宋世荣到李复贞、布学宽、宋铁麟一辈，再到陈际德、布秉全、宋光华这一辈，然后再到张书田、李巧玲、宋宝贵这一辈，每一辈都有形意拳名家高手。但其实每一辈丢的东西都不少，形意拳人的“武人”话语在逐渐稀薄，拳种技法也随着老一辈拳师的逝去而逐渐减少。另一方面，许多习拳练武之人都保证不了一天练两个小时，更少有人能做到花费大量精力和时间一心一意体悟修行形意拳，这自然会导致形意拳技法、拳理、文化等方面的缺失，造成创造性发展的乏力、大师名家的断层。

由于形意拳的三体式桩功、五行拳、十二形拳，以及易筋经、洗髓经

布秉全积极传播形意拳文化

等的修炼，确实能够对人产生很好的健身效果，又蕴含着丰厚的传统哲学、医学思想，对人们的身体和思想层面都有很好的保健涵养价值。在形意拳武术功能降低的另一面，健身养生功能越来越受到重视，把形意拳当健身操学习锻炼的人越来越多，这使得形意拳的社会价值发生了明显转变，也为形意拳适应社会环境的变化找到了新的支撑点。

礼敬传统文化是坚定文化自信的关键。2006年12月18日，形意拳被列入山西省第一批省级非物质文化遗产名录；2011年5月23日，山西省太谷县申报的形意拳经国务院批准列入第三批国家级非物质文化遗产代表性项目名录。此后，形意拳适应当下社会和民众的需求，在党和政府的重视与“非遗”传承人的努力下，形意拳通过学校、健身场所、比赛展演、新媒体等与民众日常生活形成更多的互动，找到了传统与现代结合的方式，从而维持着较大规模的传承群体，较好地满足了人们健身养生、教育传承和文化认同的需要，传承环境有所改善，在新的文化空间中得以坚韧地传承推广。

第四章

形意拳的形态特点

形意拳是中国武术中的优秀拳种，自姬际可创心意拳至今有三百多年历史，自李洛能在太谷改革后创形意拳至今有一百多年历史，其以深厚的文化底蕴、辈出的名人故事、惊人的技击成果、显著的健身效果等著称于世。2011年，山西形意拳被列入国家级非物质文化遗产名录后，更是备受关注，形意拳的项目形态以其多样化的姿态展现于世，令人瞩目。

第一节　形意拳的基本理论和形态特点

一、阴阳五行学说，是形意拳拳理之根

中国传统哲学用阴阳五行推演客观事物的正常和异常变化，道理妥切，内涵深邃。形意拳也是利用阴阳五行学说作为拳理，应用于技术练习、实战及祛病健身。

阴阳，是指上下、前后、左右、内外、进退、向背、俯仰、收放、起落、出入、束展、伸缩、动静、刚柔、虚实等的对立统一。阴阳变换，则运用于形意拳的各个方面。以搏击时的虚实为例，每一拳发出为实，对方有了准备为虚，对方不动是实，对方一动是虚，使对方动或不动都被动。

五行，指的是金、木、水、火、土五种属性。金生水、水生木、木生火、火生土、土生金，生克变换，这是一个不断统一变化的运行整体，在古代哲学中用来说明事物之间的制约和生化关系，是中国古代朴素唯物论和辩证法的理论，在形意拳中，用它来说明动作变化相互之间生克的关系。

1966年,布学宽与弟子孙德宜表演“狮吞手”变化法

二、六合理论是形意拳的规矩和准绳

六合是外三合与内三合的合称。合，就是整合，就是周身协调统一、和谐一致。外三合是肩与胯合，肘与膝合，手与足合；内三合是心与意合，意与气合，气与力合。其实三合只是举个例子，在拳法发力中，应该是一合无有不合，一动浑身俱动。

記事

1934年发表的《记拳师车毅斋及李复贞》，可见山西形意拳在社会上有巨大影响

三、五行拳是形意拳最基本的拳法

五行拳包括劈拳、钻拳、崩拳、炮拳、横拳。五行有相生相克理论，形意拳的基础拳——五行拳也是这样，劈拳性金、钻拳性水、崩拳性木、炮拳性火、横拳性土，以五行相生相克的变化规律来说明拳法变化，以拳来体现人与自然的合一。按五行生克的循环关系，劈拳可衍生出钻拳，钻拳可衍生出崩拳，劈拳能破崩拳，崩拳能破横拳，如此等等。当然，形意拳的五行拳绝非必须套用五行相克的说法来练习，无论是按五行相生还是按五行相克，都是为了“往来连贯练习”，即按照相生的顺序做完某拳式再接做某拳式。

李洛能所传五行拳动作较简单，起势、收势为三体势，注重垫步和跟步的应用，演练时只有前进和回身的练法。但它不仅是学习形意拳的入门功法，还是各流派的基本功和各基本套路的起势与收势，是形意拳的母拳。

四、十二形是形意拳的主要组成部分

十二形是形意拳的传统套路之一，是模仿“龙、虎、猴、马、鼍、鸡、燕、鹞、鲐（骀）、蛇、鹰、熊”十二种动物的动作特长，融入武技中编排而成，比起五行拳，十二形根据“象形取意、立法为拳”的思维，如龙的飞腾纵横、虎的威猛气势、猴之灵、燕之巧等，依照这些动作特点，增加了许多手法、身法、腿法和步法，运用于拳法中，既是精妙实战攻防技巧，又是练身的良好方法，能达到延年益寿的目的。形意拳各流派均有十二形，动作较为简单，只选取一个动作作为一形，象形取意、式简意深，内外兼修、虚实相因。

五、练功方法

形意拳以静为本，以动为用，静是动之储，动是静之效，练功以静为基础。

三体式作为形意拳的基本桩式，是形意拳一切动作的开始，也是形意拳区别于其他拳术最主要的标志。它按照形意拳学的理论要求与要领，将人体安排成一个完整的基本姿势，在形意拳的动作中，均按此基本姿势与要领来要求。从外形上讲求外三合；在体内则讲求内三合，内外合一称为六合式。其次按人体部位分为头、手、足三体，以及按三体又分为三节等等，故形意拳有“万法出于三体式”之说。

形意拳的基本拳法都以三体式、五行拳、十二形为主。其练习要领：一要塌腰，即尾闾上提；二要缩肩，即两肩向回抽劲；三要扣胸，即开胸顺气；四要顶，即

形意十二形
SHAPE MEANS TWELVE
龍
龙有升降之形，搜骨之法，抓击之能， 踩之功。龙形练神，神发于目，威生于爪。此拳主练“一气之升降”久练此拳，可使心肾相交，培元壮骨。内可清虚，外可健体。
形意拳“惟字辈”拳师—— 孙国山
太谷区非物质文化遗产代表性传承人、电影《形意英雄》武术指导

形意十二形
SHAPE MEANS TWELVE
虎
虎有伏身之猛，扑食之勇。虎形练力，其形生风，威武勇猛。此拳主练“一气之吞吐”久练此拳，可通督通任，丹田气足，精神振奋。
形意拳“惟字辈”拳师——吴秀峰
山西省形意拳非物质文化遗产代表性传承人、中国传统形意拳研究协会首任会长

形意十二形
SHAPE MEANS TWELVE
猴
猴有纵跳之灵，抓击之能。猴形练灵，练目光敏锐，手脚轻灵。此拳主练“一气之伸缩”。久练此拳，可通督通任，气血畅通。
形意拳“惟字辈”传人——吴连儒
长篇小说《形意英雄传》作者

形意十二形
SHAPE MEANS TWELVE
马
马有疾蹄之功，冲锋陷阵之勇。马形练疾，吞进即吐，快似疾风。此拳主练“一气之吞吐”。久练此拳，可使丹田气足、气血通畅。
形意拳“惟字辈”拳师——周永刚
山西省形意拳非物质文化遗产代表性传承人、中国传统形意拳协会会长

形意十二形
SHAPE MEANS TWELVE
鼍
鼍有浮水之技，拔水之能。鼍形练活，“游鼍化险”为其绝技。此拳主练“一气之屈伸”。久练此拳，可使耳聪目明，体态轻灵、气血通畅，精神振奋。
形意拳“武字辈”拳师——陈　诚
太谷区非物质文化遗产代表性传承人

形意十二形
SHAPE MEANS TWELVE
鸡
鸡有厮斗之勇，啄食之功。鸡形练勇，啄目蹬踢，上下夹攻。此拳主练“一气之收纵”。久练此拳，可使脾胃调和，五脏充盈。
形意拳“武字辈”拳师——王　静
太谷区非物质文化遗产代表性传承人、山西农大信息学院武术教练

形意十二形
SHAPE MEANS TWELVE
燕
燕有抄水特技。燕形练捷，一动即至。此拳主练“一气之起伏”久练此拳，可使心火下降，肾水上升，水火既济，丹田之气运行周身。
形意拳“武字辈”拳师——杜宏刚
太谷区非物质文化遗产代表性传承人。“齐鲁”杯银牌得主

形意十二形
SHAPE MEANS TWELVE
鹞
鹞有入林特技。鹞形练猛，进而猛不可挡。此拳主练“一气之开合”。久练此拳，可使腰强肾健，筋舒骨坚，四肢灵活、全身轻松。
形意拳“尚字辈”拳师——吴连根
太谷区非物质文化遗产代表性传承人、中国传统形意拳研究协会副总教练

形意十二形
SHAPE MEANS TWELVE
蛇
蛇有拔草之能，吸食之功。蛇形练气，使气之吞吐抑扬。此拳主练“一气之吞吐”。久练此拳，可使气通督任，运行周身。
形意拳“武字辈”拳师——吴会进
太谷区非物质文化遗产代表性传承人、中国传统形意拳研究协会总教练

形意十二形
SHAPE MEANS TWELVE
鲐
鲐有护尾之能。鲐形练精，“调臀”其精之所在。此拳主练“一气之提送”。久练此拳，可通督任，养丹田，固肾精，舒肝气。
形意拳“尚字辈”拳师——刘爱芝
太谷区非物质文化遗产代表性传承人、国际“车毅斋武馆”杯银牌得主

形意十二形
SHAPE MEANS TWELVE
鹰
鹰有抓拿之精。鹰形练狠，“双爪狠抓寒透骨”。此拳主练“一气之合”（与熊形合演）久练此拳，可使气血通畅，精力充沛，目光敏锐，手脚灵活。（与熊形合演）
形意拳“武字辈”拳师——王忠智
太谷区非物质文化遗产代表性传承人、“齐鲁”杯形意拳擂台赛冠军

形意十二形
SHAPE MEANS TWELVE
熊
熊有出洞之威，竖项之力，其威所现。熊形练威，头顶项竖。此拳主练，“一气之合”（与鹰形合演）久练此拳，可起肾中阳气，上升补脑，阳气下降，还于丹田。（与鹰形合演）
形意拳“尚字辈”拳师——吴富根
太谷区非物质文化遗产代表性传承人、山西农大信息学院教练

头顶、舌顶、手顶；五要提，即颈道内提；六要横，顺即起，顺即落；七要钻，落翻分明。

六、山西形意拳的内容体系

自1985年阎耀武著《山西车派形意拳》、1999年宋光华著《宋氏形意拳》出版以来，山西形意拳分为“车派”“宋氏”已成社会共识。有人称布学宽所传形意拳为“布氏形意拳”，布学宽之子布秉全没有接受，他认为尽管有所变化，他父亲所练所传依然是车派形意拳。布氏形意拳、宋氏形意拳的内功心法区别较大，其余内容虽有习练者在传承中带来的差异，但仍基本相同。

1. 功法体系

太谷形意拳劲力雄浑，刚猛遒劲，这与其功法训练是密不可分的。其中，三体式桩功为该拳的根基，既能壮内强外，又能培养周身之争力与整劲，有“一桩顶三功”之妙。形意拳以枪立拳，操大枪、划大杆仍然是该拳派非常重视的借助器械求取劲力的途径，强调“枪功愈深，拳功愈厚”。此外，车派的盘根气功、宋氏的盘根内功等内练法则堪称太谷形意拳的练功法宝。

2. 套路体系

形意拳套路体系包括徒手套路、器械套路、对练套路，它们共同构成了形意拳技法丰富的套路体系。

徒手套路有形意弹腿等基本功；五行拳、十二形拳等基本拳势；四把拳、五行连环、六合拳、进退连环、鸡形四把、龙虎斗、八字功、八势拳、杂势锤、形意连环、形意十七势等徒手单练套路；九拳、五花炮、五行炮、挨身炮、五踩六锤、十二连锤等徒手对练套路。对练套路有五行相克、三手炮、五花炮、安身炮、九套环。

器械套路有三合刀、三才刀、三合剑、三才剑、连环剑、连环炮、连环刀、连环棍、九州棍、形意六合棍、行步六剑、子午剑、龙形剑、梅花剑、六合枪、六合大枪、凤翅锐、翼德枪、麟角刀、形意大枪十六枪等器械单练套路和对砍十三刀、对扎六枪对练套路等。器械套路训练可以快速提高功力，对练拳起到很好的辅助作用。

3. 技击体系

太谷形意拳不尚花架，古朴实用。其技法有“要道”“打法”“顾法”，又有头、肩、肘、手、胯、膝、脚、臀、腹等十五打法，以及根据五行拳、十二形拳等套路中的技法融合各种“绝技”编创而成的七十二技法等等。太谷形意传人正是借助这些技法，通过“撕扒”实战来提高技艺。其具体训练手段有以死桩、活桩、化桩为步骤的操桩试手，也有双人搓手形式的模拟实战。强调在真打实战中积累经验、求得进步。

形意拳强调敢打必胜、勇往直前的战斗意识，“眼前有人当无人”。形意拳的技击理论有六项原则，即工（巧妙）、顺（自然）、勇（果断）、疾（快速、突然）、狠（不容情）、真（使敌难于逃脱），称为“六方之妙”。在实际交手中，形意拳对战术意识的要求相当强烈。或用身法躲闪，或用柔劲化解，或引进落空，或截击来招等一系列传统技击得到充分体现。战术思想上，主张快速突然，以我为主，交手时先发制人，“乘其无备而攻之，出其不意而击之”“有意莫带形，带形必不赢”。攻防技术上，提倡近打快攻，抢占有利位置，“眼要毒，心要奸，脚踏中门裆里钻”。形意拳主张头、肩、肘、手、胯、膝、脚七法并用，处处可发，“远了便上手，近了便加肘；远了用脚踢，近了便加膝”，并且要求虚实结合，知己知人，相机而行，不可拘使成法，做到“拳无拳，意无意，无意之中是真意”方算上乘功夫。

第二节　形意拳的保护内容

中华人民共和国《非物质文化遗产法》规定："非物质文化遗产是指各族人民世代相传并视为其文化遗产组成部分的各种传统文化表现形式，以及与传统文化表现形式相关的实物和场所。"据此理解，作为保护对象的形意拳具有多方面的受保护内容，诸如形意拳代表性传承人、形意拳史、形意拳方面的文物古迹等等。

一、形意拳代表性传承人

自李洛能在太谷创拳以来，形意拳的代表性传承人人才辈出，车派形意拳、宋氏形意拳至今都已经传至第七代。形意拳史上出现了数以百计的"形意英雄"，他们个性鲜明，武功高强，行侠仗义，扶危济困，爱国为民，在创造性发展、推广形意拳，创造形意拳文化，传承形意拳等方面作为个体和群体都博得了世人的崇敬，因此对形意拳代表性传承人的关注度一直很高，文学作品如《形意宗师》《形意英雄》影响很大，各种武术刊物、报纸刊登的形意人物的故事引人入胜，对传承优秀文化传统，弘扬道德规范，凝聚民族精神等都起到了巨大作用。

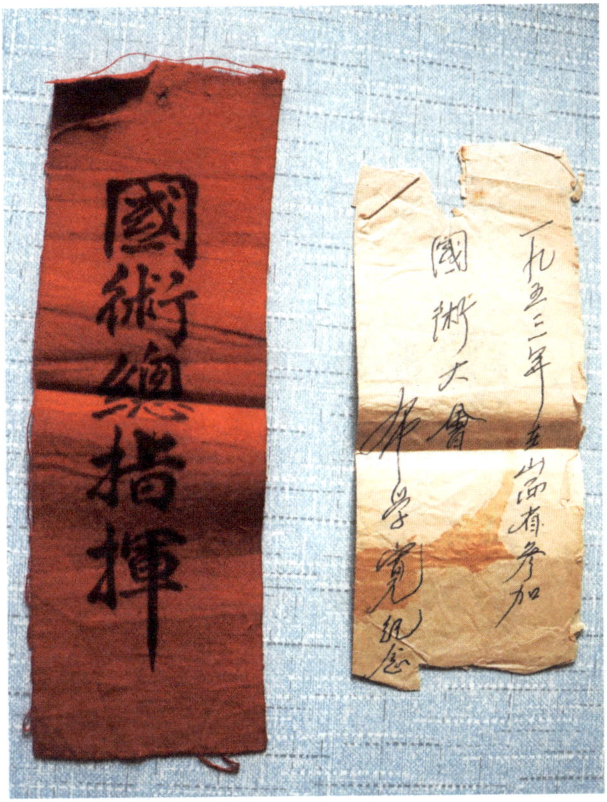

1953年，布学宽担任山西省国术大会总指挥的实物与手迹

中国传统形意拳博物馆

时至今日，由于长期生活在和平年代以及乡村社会习武的基础已经基本消失，山西的老一辈形意拳代表性传承人可谓花果凋零，中青年领军人物寥寥无几，更令人怀念形意拳史上英才辈出的时代和人物，同时许多有识之士一再呼吁社会要重视保护好、培养好形意拳代表性传承人，对现有的各级代表性传承人要做好宣传，为他们的传承创造良好条件，采取形意拳进校园的办法，从儿童时期就开始培养习练形意拳的兴趣，以期将来涌现出更多的形意拳宗师，为子孙后代传承好形意拳。

山西形意拳的代表性传承人集中在太谷，主要有宋光华、吴殿科、布秉全、高宝东、杨凡生等人，国家级、省级、市级和县级代表性传承人一共有七十一人。这些人是山西形意拳的优秀人物，具有代表性和较大影响，多年来不计名利积极开展传承活动，受到社会的尊重。在高校也有一大批形意拳的传承人，通过武术教学传播形意拳，如山西农业大学的王文清、宋玉龙，北京体育大学的李巧玲，山西大学的杜振远，山西体育职业学院的贾惠卿等人，他们讲学传拳，担任形意拳各大比赛裁判，积极促进对外交流武术，是没有申报形意拳代表性传承人的优秀传承人。

二、形意拳史

形意拳史是形意拳传承保护的重要内容之一。形意拳虽只数百年，但因前期涉及起源、师承等史料不足，造成众说纷纭、扑朔迷离的结果。李洛能在太谷创拳后逐渐传承有序、资料增多，名家辈出，影响涉及政治、经济、文化等诸多方面，并相对独立发展，形成形意拳自身的文化系统。对形意拳历史的研究，一直是学术界的重点。近年来，随着对形意拳相关地域文化、晋商文化、传统哲学、人体科学、民族精神、武术文化研究的深入和地方政府的重视，也使形意拳的传承人更加关注形意拳的历史。

在学术研究的宽松氛围下，个别人或因无知而添加想象地篡改形意拳历史，或因认知造成的不严谨而片面抬高本门师傅的地位和作用，美化本门的历史事件，造成了不必要的拳史混乱，以至于有人提出武术造假猖獗，“需要打假”的倡议。在形意拳的“非遗”保护中，保护真实的形意拳史，是题中应有之义。

三、形意拳方面的文物古迹

形意拳史上留下来多种多样的文物古迹，作为中华优秀传统文化的载体，应该得到积极的保护。

比如布学宽写就的“习武便笺”，参加各项体育活动的多种证件和照片；比如宋世荣去世后亲友为他写的《哀荣录》，宋世荣亲笔写的《内功四经》等；宋世荣、布学宽、刘俭等人传下的器械，车毅斋纪念碑，吴殿科写作《形意拳术大全》的原稿，等等，多种多样。这些文物数量多，基本分散保存在他们的后人或者徒弟手里，只有个别文物如车毅斋纪念碑被确定为县级保护文物，因此有必要加以普查，建立档案，加强保存，并做好社会文化方面的开发使用。

又比如，太谷有一些形意拳大师居住、生活过的遗址，本身是具有保护价值的古建筑，又是与传统文化表现形式相关的场所，有必要作为保护内容及时加以保护。赵家巷18号院的李洛能故居，李洛能在太谷保镖护院长达十八年，长期住在太谷城内赵家巷18号院。与该院连通的16号院是赵家的祠堂院。一直到1935年，李洛能的孙子李振兴在太谷国术馆教拳时，还在此居住。大巷54号孟家大院是李洛能保镖护院之地，孟家大院是“御史府第”，李洛能在该院保镖护院多年，在这里和孟綍如、车毅斋创造出了形意拳。孟家大院成为当之无愧的形意拳祖庭。车毅斋保镖护院的武家巷24号武家大院，院中建筑颇具文化特色，该院是形意拳历史上重要的创拳传拳基地；西街北砖道巷1号布学宽故居“尚

現代形意拳
中国功夫

形意拳不仅是一种拳术，更是一种文化

布学宽故居

贤居”，历史上曾是一德银号的营业场所，如今布秉全先生居住其中，东厢房是“布学宽纪念馆”，通过展览可以了解布学宽先生为传播发展形意拳做出的突出贡献，感受太谷形意拳旧时的辉煌。

此外，中国传统形意拳博物馆、车毅斋武馆等等都是在形意拳传承、发展中发挥重要作用的场馆，这些场馆也应该纳入保护之中。

形意拳的表现形态特点明显，随时间的推移必将变得愈加丰富多彩，及早进行整理、归档、记录、保存和传承，不仅是文化主管部门的责任，更是形意拳人的责任，也是全社会的责任。

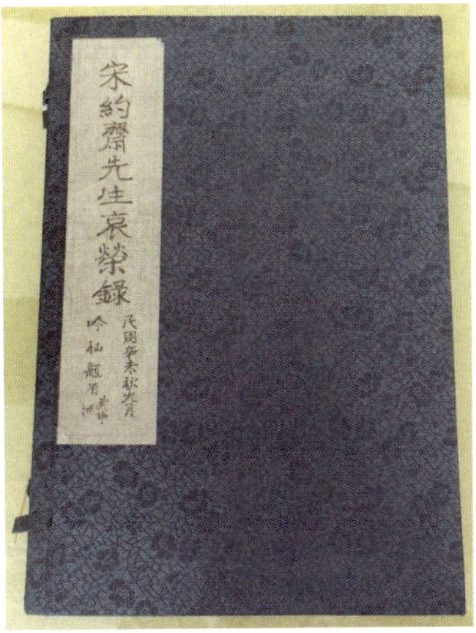

宋世荣去世后的《哀荣录》书函

第三节　形意拳名家从以民间为主逐渐转为以体育部门和高校为主

李洛能在太谷开门收徒，不看出身、血缘、宗教、地域、贫富等因素，只考察拜师者的个人品行和能力修为。他在山西的弟子有儿子李太和，车夫车毅斋，钟表修理师宋世荣、宋世德，店员李广亨、贺运亨，商人张小平，均能发扬光大武学。这种有教无类的开放传承思想，使形意拳传承能物色到适宜的传人，从而在动荡不安的年代里很快进入高速发展期。形意拳在民国传统武术的实战对决上战绩显赫，为各拳种之冠。如1928年和1933年的两届国术国考，最优等或甲等参赛者中形意拳门人均占百分之四十以上（均为形意拳河北派）。山西共派去十六名参赛人员，十五人是形意拳人，王鸿、白守华等人都取得了较好成绩，为山西武术赢得了一席之地。

晚清以来至民国时期，中华民族遭遇内忧外患，全社会激荡着求变革，崇尚武的思潮。在此背景下，对强健身体达到强兵、强种、强国的观念有着极高的社会认同度，为形意拳的传承与发展提供了良好的社会契机。1929年，樊瑞峰（1905—1983，名桂，其父樊永庆是车毅斋的高徒，榆次人）编著了《形意拳术讲义》，傅作义将军为其作序，序文里指出："吾国以积弱不振，受辱列强。其原因固非一端。而国人轻视体育，忽于运动，盖亦致病之由。拳术者，中国古来之国粹也，最良体育之法也。”各地形意拳人积极、正确地应对时代的挑战，实现了转型，从而成就了形意拳空前发展之势。

民国时期，形意拳在晋中、太原的民间进一步传播、扎根，主要传承人车毅斋、宋世荣、宋世德、贺运亨、李广亨、李复贞、布学宽、刘俭、陈际德、张永义、吕家麟、吴连富、宋虎臣、宋铁麟、董秀升、李桂昌、吴立孝、赵永昌、杨永蔚、侯树林、王鸿等等，都不是公职人员、学校教师，都是来自农民、商人、镖师、手工业者等民间职业，和乡村社会有紧密联系，普遍学历偏低，但痴迷习武，肯下苦功一辈子钻研。

清末至民国时期，在实战检验、开放式的社会评价中，山西省的形意拳名家层出不穷，他们本来以民间武术家的身份从事着各种职业，在国难当头时不再被原有的职业束缚，他们以高度的责任感和开明的心态去应对内外挑战，参与武术社团活动，进入学校、国术馆、军队教授形意拳，既坚持技击也提倡体育，使形意拳很快在山西各地传播，并在一定程度上完成了形意拳竞技化、体育化的转变，也在中国武术史上留下了自己的英名。下面提供一个简明的形意拳名家介绍，以管窥民间形意拳名家：

表 4-1　民国时期山西形意拳著名拳师统计表

姓名	生活地	主要事迹贡献
宋世荣（字约斋） 1849—1927	太谷	李洛能八大弟子之一。致力于内功研究；创编内功盘根、徒手十六把、麟角刀等徒手、器械套路。曾任太谷县武协主席。系宋式心意拳的创始人。
宋世德（字辅仁） 1857—1921	太谷	李洛能八大弟子之一。曾出家云游四海。与其兄共研内功。系宋式心意拳的创始人。
曹鸿恩 1867—1953	灵石	师从李存义。曾在同胜镖局任镖师，参加过义和团。后回到灵石广授形意拳，门徒众多，在当地颇有影响。
李发春 1874—1937	太原	师从车毅斋。曾任镖局局长。
穆休易 1874—1954	太原	形意拳名师车毅斋、王福元之徒。品德高尚，武功出神入化。曾任省立第一师范、太原中学、山西大学等校武术教员。
布学宽 1876—1971	祁县	师从车毅斋。一生以授拳为业。曾在太谷铭贤学校任武术教员，后任太谷县国术馆副馆长、馆长，太谷县武协主席，中国武协委员。
侯树林 1877—1965	榆次	师从杨德胜。曾在太谷马队、山西民军干部教练所供职。后在榆次柏林头大佛寺为道长。
任尔琪（字玉田） 1877—1945	太原	师从宋世荣。德艺兼修。1933 年任晋祠国术会会长，曾获省城国术会“热心国术”奖状。创编“三节推掌”“五方鸳鸯掌”等套路及一些内功练法。著有《内功四经释义》和《拳术运义》等。

续表

姓名	生活地	主要事迹贡献
胡耀贞 1879—1973	榆次	精通太极、形意、八卦内家拳，曾任山西省国术馆馆长。著有《保健气功》及《华佗五禽术》等。
许承麟 1879—1959	徐沟	师从车毅斋。在太谷县“大顺裕钱行”和徐沟“四成义绸缎店”任镖头，后从李广亨学武。1921 年偕妻侯孝贤至哈尔滨当装卸工。1922 年开办“公余武术社”传艺。曾在哈尔滨福儿院义务任教，主持“哈尔滨国术馆”。
陈际德 1880-1965	清徐	师从李复贞，并得到车毅斋先生亲传，格斗散打造诣颇深。曾在太原国术改进研究会担任总教练，在榆次国术馆中任教形意拳。
宋虎臣（名国荣） 1880—1947	太谷	师从其父宋世荣，尽得真传。曾任晋军王嗣昌部下，执法总队长、督战总队长兼武术教练。
董 俊（字秀升） 1882—1939	太谷	师从宋虎臣。曾任山西国术促进会武术教师。撰编成《少林五行柔术谱》《岳氏意拳五行十二形法精义》等。
杨永蔚 1883—1954	清徐	山西车式形意拳在东北的鼻祖。师从形意拳名家樊永庆，后因师早逝，秘拜车毅斋、宋世荣两位老前辈，功夫更加精进，成为集形意、太极、八卦于一身的一代名师。一生授徒无数，在山西晋中、太原等地培养了王鸿、杨守先等一批拔尖弟子。后在东北三省传艺授拳，创建了哈尔滨市健康武术馆。
宋铁麟（名国祥） 1885—1978	太谷	师从其父宋世德、伯父宋世荣。曾任太谷县国术馆馆长兼教务主任。1938 年严词拒绝日伪聘任保安团团长，表现出威武不屈之民族气节。

续表

姓名	生活地	主要事迹贡献
刘 俭（字守业） 1886 —1955	太谷	师从车毅斋。曾任太谷县国术馆教务主任，门下弟子高手众多。
白守华 1886—1946	榆次	师从王福元、焦庆生。参加第二期山西国术省考被录取；参加第二届国术国考，荣获银盾奖和八尺锦旗奖。擅长“鞭杆”。收徒百余名。曾任太原国术馆董事。
董德茂 1887—1947	太谷	师从贺运亨。练就一身过硬功夫，人称“董塌天”。广收门徒，有弟子数百人。
王继武（字净尘） 1890—1993	榆次	师从王福元。民初与彭映玺、周秉贞设仁义镖局，颇负盛名。技击素以“疾、稳、准”著称，并精道功（气功）和骨伤科医术。
郭风山 1894—1945	榆次	师从侯树林。1931 年参加山西省国术考试，名列榜首，1933 年参加南京中央国术考试，获银盾一块、锦旗一面。曾任榆次县国术馆总教练，兼太原营坊街小学校武术教练。秘密抗日，被日军关押杀害。
孙世英（字元杰） 1894—1971	交城	师从武玉珊。交城县国术会会长，多次在全县武术运动会上担任总裁判长。得意门徒甚多，在武术界颇有影响。
侯孝贤（女） 1894—1990	清徐	师从车毅斋，后从李广亨学练拳械。1921 年随其夫许承麟到黑龙江哈尔滨市。主持哈尔滨国术馆，创编了攻防兼备的“演手”拳术套路。

续表

姓名	生活地	主要事迹贡献
张永义（字德权） 1895—1981	太谷	师从布学宽，被誉为布学宽门下“大弟子”。1929年在山西省国术大赛上表演杂式锤，名震武林。他功深艺精，善技击，一生以武为业，曾做过保镖、护院、教师、教练等。言传身教，诲人不倦，名声颇著。名弟子有程登华、孟宪基、李太亮等。曾任太谷县武术协会主席。
张万荣 1895—1949	太原	师从彭廷隽。技击出神入化，功力过人。参加过第一届、第二届国术国考，获得“壮士”匾。广收门徒，弟子近千名。曾任太原国术馆教练。
吴立孝 1896—1983	太谷	师从宋铁麟，并得宋世荣亲授。1929年参加山西省国术大赛，因技艺超群而被报道；1935年在济南参加全国擂台比武，得奖章和青龙偃月刀。1936年参加牺盟会，专教官兵武术。书法、中医颇有名声。德高望重。曾任太谷县武术协会副主席。
王喜胜（字春武） 1897—1988	榆次	师从王清禄、安晋元、董德茂等人。集各种拳法之大成，而且精于内功，深谙老庄之道。曾任榆次市武术协会和形意拳研究会副会长、顾问。
吕家麟（字子祥） （1900—1960）	太谷	吕学隆（三光师傅）之子，师从布学宽。曾任太谷国术馆教务主任。
阎耀武（字芝兰） 1901—1978	太谷	师从布学宽。精通形意拳，尤其是各种器械。著有《山西车派形意拳》。曾任太谷县武术协会副主席。

续表

姓名	生活地	主要事迹贡献
杜级三（字连登） 1902—1972	太谷	师从布学宽。曾任太谷县公共体育会主任、太谷县国术馆对外联络部主任。1938年后经商定居北京。
苏登瀛（字仙洲） 1902—1981	清徐	师从布学宽。德高艺精。曾任清徐县武协副主席。
车踩藻（字福喜） 1902—1986	太谷	师从布学宽。擅长技击，是著名形意拳农民拳师主要传人。弟子有任前、车向前等人。曾任太谷县武术协会副主席。
孙德宜 1904—1973	太谷	师从布学宽。一生爱拳如命，内功精深，尤擅技击。是山西著名的农民拳师，形意拳技击名手。徒弟近百人。曾任太谷县武术协会副主席。
李三元（字福利） 1914—1976	太谷	师从吕家麟。富于正义感。战争时期组建游击队英勇打击日伪，进行地下情报工作，屡建奇功，受到太行军区表扬。曾任省武术队教练。
田种兰（字子馨） 1914—1982	平遥	师从宋铁麟。天性嗜武，技术全面。曾以形意崩炮二拳重创两名日本宪兵。授徒众多，佼佼者有李六八、冀立业、范天保、田宝林（子）、田宝荣（子）、米克俭等人。

据1949年太原刚解放时的调查，形意拳在山西太谷、太原、榆次、清徐等地最为普遍。当时在太谷教练形意拳的年龄较长、素有名望的教练有布学宽、宋铁麟、刘俭、张永义、孙德宜、赵永昌、李三元等人，在太原教形意拳的有穆休易、张万荣、桂荣瑞、杨杰生、郝武成、尚专锁、王四海、张安泰、刘义、李桂昌、田二赖等人，榆次有侯树林、郭维成、张书田、王瑛等人；清徐有王鸿、苏登瀛、王辅仁等人。

从1950年到1966年间，群众性的武术活动广泛普及，一些名老拳师被学校聘为武术辅导员，他们辛勤培育了一批批青少年习武者，这些武术新秀得其真传，成为20世纪80年代以后武术界的精英，逐渐走上专业武术之路。由于社会职业分工细化和社会资源分布不均，大多数精英不再留在农村，少部分留在县城，大部分进入大城市的高校或者体育部门任职。以太谷县的形意拳名家为例，如下表：

表 4-2　中华人民共和国初期培养的太谷籍山西形意拳名家统计表

姓名	工作单位和简要事迹
李三元	山西省武术队教练，曾获全国武术比赛形意拳优秀奖。
程登华	山西省形意拳协会副主席，晋中市体委群体科科长，曾荣获全国武术观摩赛形意拳冠军。
孙国栋	曾任山西省武术队教练，全国武术比赛枪术第三名。
杜振远	山西大学武术教授、研究生导师，省形意拳协会副主席。
贾惠卿	山西体育职业学院武术教授，山西省政协委员，武术国际级裁判，曾获全国武术比赛女子全能冠军。
李巧玲	北京体育大学武术教授、研究生导师，武术国际级裁判。
李泰良	曾任中国公安大学警体系副主任，现在美国传拳。
孟宪基	太谷县体委武术教练。
李玉兴	祁县体委武术教练。
乔云莲	榆次郭家堡学校武术教练、体育教师。
庄延秀	太华子弟学校武术教练、体育教师。

李巧玲，山西太谷布式形意拳第三代传人，中国武术八段，北京体育大学中国武术学院教授、硕士生导师，武术国际A级裁判，中国大学生体育协会民族传统体育分会训练委员会主任。2015年荣获国家体育总局颁发的“中国体育最高荣誉奖章”。

以李巧玲教授为例。她六岁起随父李学荣学练形意拳，后拜布秉全为师。1970年入选山西省专业武术队，1979年考入北京体育大学武术系，毕业后留校任教，多次获得全国比赛冠军。在大学工作以来，培养出武术世界冠军2人，硕士研究生47名。作为武术套路A级裁判，多次在国际级、国家级武术锦标赛上担任仲裁、总裁判长等职务。赴三十多个国家进行讲学，教授的外国留学生遍布世界106个国家。参与编写了《中国武术段位制系列教程》等多种教材；多次带领北京体育大学武术套路代表队跟随国家领导人出国表演，多次在人民大会堂、钓鱼台国宾馆等地为国家领导人接见外国领导人表演中国武术，为中国武术的发展做出了贡献。这些成就，是地方的民间形意拳优秀人才所渴望的。大学体育部门的专家与地方民间的形意拳人开展合作，有联系畅达的通道，才能留住地方的民间形意拳优秀人才。

改革开放以后，太谷县教育加速，青年才俊习练形意拳的大有人在，但是更多的还是选择了外出发展。如宋氏形意拳嫡系传人宋玉龙，在山西农业大学信息学院形意拳中心工作；多次获得武术比赛冠军的侯锦升，在晋中信息学院任专职武术教师（兼任太谷车毅斋武馆总教练）。

中华人民共和国成立以来，在各地体育管理部门、高校工作的形意拳传承人，依托体育部门或高校的便利条件，充分利用教育资源开展形意拳研究，培养大学生习练形意拳，找到了保护和传承形意拳的一条新路。由于社会优势资源集中在城市，形意拳名家在民间的越来越少，在体育部门或高校的会越来越多，这是大势所趋。顺应这种变化特点，形意拳的保护传承今后会更加科学、有序。

然而，对太谷形意拳发展来说，留在太谷本土发展的青年形意拳传承人越来越少，不利于形意拳的传承，也使太谷民间的形意拳传承人寻觅不到很中意的下一代传承人，对形意拳的保护提高形成严峻的冲击。

第五章

形意拳的代表性传承人

非物质文化遗产是以其传承人的实践活动为主要载体的“活”的文化形态。各级非物质文化遗产代表性传承人不仅肩负着延续传统文脉的使命，彰显着遗产实践能力的最高水平，还不断地将天才般的个性创造融入传承实践活动中，对确保非物质文化遗产的持久传承发挥着不可替代的作用。

第一节　形意拳国家级代表性传承人

截至2022年7月，国家级非物质文化遗产代表性项目形意拳山西省代表性传承人有一人——宋光华。省级非物质文化遗产项目形意拳代表性传承人有四人，分别是吴秀峰、高宝东、布秉全、杨凡生。

宋光华

2017年12月28日，宋光华入选第五批国家级非物质文化遗产代表性项目代表性传承人推荐名单；2018年1月被公布为“国家级非物质文化遗产代表性项目形意拳代表性传承人”。

宋光华，男，汉族，1932年4月29日生于山西省太谷县。他是宋氏形意拳创始人宋世荣的侄孙、宋世德的嫡孙，太谷武协主席宋铁麟的长子，宋氏形意拳“邦”字辈嫡系传人，是形意拳泰斗级人物。

宋光华从小受到父亲宋铁麟的严格训练，习练家传形意拳及弹腿、长拳，兼习太极、八卦等，浸染孝悌仁

宋光华

义、忠勇正直、侠肝义胆、扶弱抑强的传统美德。为了让家传武学更好地造福世人，他广开门庭，悉心授徒，弟子遍布全国各地及美国、法国等国家。

在山西农学院、山西生物制品厂工作时，宋光华牢记先辈嘱托，坚持不懈习武，功夫已炉火纯青。宋光华全面系统地继承了宋氏形意拳的功法、拳法、兵器、内功和拳理，注重内意、内劲、内气与外形、外力、神意的配合，以及各种技法的融会贯通，技艺超群，武术理论功底深厚，学术研究硕果累累，而且武德高尚，平易近人，受到武术同仁的敬重。

20世纪80年代以来，宋光华在传武育人和参与社会武术活动方面的贡献巨大。1984年，在山西省形意拳比赛中获一等奖。1986年、1996年、1998年分别参加山西、山东、河北深州形意拳论文研讨会均获一等奖。1996年、2001年，获山西省形意拳协会颁发的贡献奖。1998年，国家体育总局武术运动管理中心与中国武术协会授予宋光华“中国武术七段”荣誉称号。2006年5月，宋光华被世界武术功夫段位制总会授予“师范级十段”；2012年，他被山西省体育总会、山西省形意拳协会评为“武术名家”；2013年被山西省武协评为“山西省武术十大名师”；2019年被山西省形意拳协会评为

“形意拳名家”。

宋光华完善了宋氏形意拳的拳理、拳法及其基本套路和动作要领，形成了套路规范、拳法实用、内外兼修、防身健体的理论体系，并致力于宋氏形意拳的挖掘、整理、研究工作。他结合自己六十载习练、研究的心得体会，著有《宋氏形意拳》《宋氏形意拳续编》（上下），介绍了宋氏形意拳的基本功法，套路、器械及内功发劲的体会和盘根功等，观点辩证，语言通俗，图文相映，为进一步弘扬宋氏形意拳提供了良好的学习教材，行销海内外。

宋光华认为：“形意拳的传承原先比较保守，在我看来，必须解放思想，该传就传，决不能再保守。形意拳是非物质文化遗产，不传就是自生自灭，只有传承才能发展、才能发扬光大。所以，我希望通过各种渠道，介绍形意拳，让人们了解它、喜爱它。”宋光华为形意拳的传承和发展倾注了大量心血。2002年、2005年，他先后在香港注册成立了宋氏形意拳协会、国际宋氏形意拳总会和几个国外分会。2005年，筹建了宋氏形意拳历代宗师纪念碑。宋光华通过武术交流，于2003年由香港“希望之友基金会”引进资金，在太谷县北汪村开办了“形意拳希望小学”。

宋光华被选为山西省武术协会常委、山西省形意拳协会顾问、晋中市武术协会委员、太谷县武术协会副主席、《中国民间武术家名典》编委、北京市武术协会武术理论文史研究会研究员；并受聘担任山东省形（心）意拳研究会、长春市形意拳研究会、深州李洛能形意拳研究会、徐州市武当拳法研究中心、香港心意拳艺会顾问，国际宋氏形意拳总会会监等职，被编入《中国武术家名典》《中国大百科人物专集》《中国大百科专家人物专集》《山西武术名人名拳录》《太谷县人物志》等名典。

“苍龙日暮还行雨，老树春深更著花。”在宋氏形意拳的传承上，宋光华秉承了宋氏前辈的宗师气度和大家风范，他不仅思想开放、谦虚好学、性喜读书，还无武林陋习，传承面广泛，武术的技艺、武术的精神、武术的修养并传。“传下去才有可能提高、创新，与时俱进。”宋光华孜孜不倦地传艺育人，他的正式弟子有百余人，遍及国内外，诸多弟子在武术及其他领域颇有建树，人品和修为得到社会认可。其弟子有他的长子——国际宋氏形意拳总会会长宋宝贵，次子——国际宋氏形意拳总会荣誉会长宋宝昌，有国际宋氏形意拳总会副会长、山西东方美术学院院长、著名国画家李德仁，国际宋氏形意拳总会副秘书长张创明、吴全生，国际宋氏形意拳总会副秘书长、山西农业大学信息学院形意拳中心副主任宋玉龙（侄孙），山西省武协副主席、山西省形意拳协会副主席、山西省运城市武协主席莱拉珠，山西省武协副主席兼党委书记、阳泉市武协主席王森，江苏徐州市武协副主席、央视“武林大会”栏目原总裁判长潘小杰，还有安徽省宿州市武协主席蒋征，副主席薛军、高飞，等等。

第二节　形意拳山西省代表性传承人

一、吴秀峰

吴秀峰（1933—2021），名连俊，字秀峰，以字行。2012年被命名为山西省非物质文化遗产项目形意拳代表性传承人。

1933年，吴秀峰出生于太谷县贯家堡村的一个耕读尚武之家。吴秀峰学业优异，1952年毕业于太谷师范学校并参加教育工作，在中小学任教三十年，太谷教师进修学校工作两年，1984年调入县史志办工作，曾担任《太谷教育志》主编、《太谷县志》副主编等职。

吴秀峰不仅自幼随吴殿科学习形意拳术，还受到师爷刘俭、伯父吴耀科等名家的指教，他在青年时就明拳理，通拳法。在求学和工作的日子里，他坚持习武练拳，在形意入门功、十二路弹腿、形意五行拳、十二形拳、攻防要道、形意七十二技法等拳术，刀、枪、剑、棍四大兵器方面，功力精深。

1980年代以来，吴秀峰在《中华武术》《武林》《武魂》《搏击》等刊物发表专稿、专论多篇，主要文章收录于《形意拳专稿专论集》一书。1987年、1988年，分别参加了山西省形意拳研究会举办的学术研讨会，

吴秀峰

论文皆获一等奖。1993年，秀峰先生参加《形意拳术大全》的编写工作，任副主编。2008年9月出版的《形意拳发展史略》，吴秀峰任第一主编。此外，他还整理编写了《传统形意器械术》《三多堂的镖师》等武术资料。

1980年代起，吴秀峰开门收徒，共收“武”字辈弟子四十二人，大多为大学生和机关、企事业单位的干部职工，其中吴会进、吴连根、赵玉斌等多人已经成为形意拳的中坚力量。在四十年的传拳授艺中，秀峰先生始终牢记形意拳先辈留下的古训：“传拳以古墨本为据，授艺以不欺人为本。”

2012年，吴秀峰倡导成立了太谷县中国传统形意拳研究协会，被公推为首任会长。2014年，吴秀峰倡导成立了中国传统形意拳培训基地。

二、高宝东

高宝东，1941年出生于太谷县贾家堡村。2012年被命名为山西省非物质文化遗产项目形意拳代表性传承人。

高宝东自幼随父高庆瑛习形意拳，十二岁时拜著名拳师吴治泰为师，十四岁考入由庞林太执教的太原市青少年武术业余学校，专攻形意拳、形意枪。

高宝东崇武尚德，追求豪侠仗义、扶危济弱的武道精神。从太原铁路一中毕业后，高宝东便参军入伍。1964年退役后分配到太原铁路局工作，后来调回太谷工作。1967年，高宝东看到“车毅斋纪念碑”被丢弃在路

高宝东

上，毅然请人帮忙将纪念碑拉回家用心保存。于1986年得以移至“车毅斋纪念馆现址。

高宝东锲而不舍、勤学苦练，吸收诸位名师之长，海纳各家形意精华，系统掌握了形意拳、械套路，练功方法和理论知识，尤其擅长枪术，有着“山西第一枪”的美称。在历届武术比赛中，高宝东从代表县、市、省，到最后代表国家参加世界传统武术比赛，均取得优异成绩。从1984年至今，高宝东先后在各级武术比赛中获得一等奖30个，第一名44个。可以说，各种武术比赛的金牌银牌他拿到手软。

1995年，高宝东创编了“综合形意枪”套路，稍加改动被列为全国“形意枪竞赛规定套路”。1998年，高宝东出版了武术系列规定套路《形意拳》一书。2004年，人民体育音像出版社出版发行了由他指导和演示的《车式形意拳系列VCD教学光盘》十四盘。2012年被山西省体育总会、山西省形意拳协会授予“武术名家”称号。

高宝东与武术事业为伴四十多年来，一直义务传拳，热心做组织武术比赛等工作，退休后担任“车毅斋武馆”馆长。2011年11月，高宝东被山西农业大学信息学院形意拳中心聘为专职教师，享受副教授待遇。截至2017年，在全国形意拳比赛中，高宝东所传弟子共获99个第一名、69个第二名、54个第三名。

高宝东的武术贡献突出，声誉卓著，他曾担任过多种社会职务，其中有国家一级武术裁判、中国武术段位制考评员、山西省形意拳协会专家、中国民间武术家联谊会副秘书长、太谷县武协副主席兼秘书长，等等。

三、布秉全

布秉全，1945年10月生于太谷县城内。2012年被命名为山西省非物质文化遗产项目形意拳代表性传承人。

布秉全是形意拳名家布学宽的第九子，1969年毕业于山西大学外语系。布秉全幼年随父布学宽先生研习形意拳、八卦掌、太极拳、鸳鸯脚诸拳及洗髓经等多种健身功法，一生致力于习练、研究、传播家传武术，为车派布氏形意拳武学文化继承人，传承累计四十多年。

形意拳布门已传七代人，且代代有成名者。布秉全传承的著名弟子有：获国家最高体育荣誉奖章的北京体育大学中国武术学院教授李巧玲，日中传统武术协会会长赵玉祥，黑龙江省武协传统武术委员会主任、中华形意拳联合会副会长盛松芬，山西省形意拳协会副主席、山西农业大学体院教授王文清等等，都是致力于弘扬传播形意拳的积极传承者。

布秉全工作之余特别是退休之后，一直坚持笔耕，被誉为“学者型武学名家”。他出版了《洗髓经》《鸳鸯脚制敌绝技》《形意拳名家布学宽年谱》《太谷形意拳史

布秉全

料研究》《武术文化撷谈》五本武术著作，数十篇武术文论发表于《中华英才》《体育文史》《中华武术》《武林》《精武》《搏击》等武术杂志，弘扬形意拳文化和武术精神。

形意拳成就了布秉全的别样人生。他多次参与民间赛事，如担任全国武术锦标赛或全国（国际）形意拳邀请赛的仲裁、嘉宾或顾问。积极参与央视及省、市电视台宣传形意拳专题片的拍摄，辅导门下武馆活动，做各种形意拳专题讲座，辅导大学武术研究生，还在2002年、2007年两次应邀赴日本讲授形意拳术。

布秉全曾任山西省武术协会常委、山西省形意拳协会专家顾问委员、中华形意拳联合会顾问、晋中市武术协会副主席、布学宽研究会会长。荣获中国武术协会授予的“中国武术八段”高段位称号，山西省武术协会授予的“山西十大武术名师”和山西省形意拳协会授予的“武术名家”“形意拳名家”等荣誉称号。1985年被评为山西省武术挖掘整理先进个人，并获全国实物三献雄狮奖；1987年，山西省劳动竞赛委员会为其记三等功；1996年、2001年，山西省体育总局、省形意拳协会两次为其颁发了“贡献奖”；2012年1月，布秉全被确定为山西省非物质文化遗产项目形意拳代表性传承人。

2016年6月28日，亚洲武术联合会主席霍震寰先生在太原开会时，特约布秉全在晋祠宾馆雅聚谈拳，欣然题词“布秉全老师：文武双全　练养并重”。

四、杨凡生

杨凡生（1949—2014），1949年10月出生于太谷县南杨家庄的武术世家。2012年被命名为山西省非物质文化遗产项目形意拳代表性传承人。

杨凡生自幼酷爱武术，随四祖父杨悦章学练拳术，于1965年到太谷纺织厂参加工作，1967年拜吴连富为师，专门学习形意拳。吴连富是车毅斋的徒孙，被形意拳同仁誉为“铁门栓”。杨凡生从五行到十二形，各种对练、器械以及器械对练，直至最后散手训练，都得到正宗系统的精心传授，从而拳脚兵刃样样精通。

杨凡生一生痴迷于武术，博采众家之长，形意拳造诣高深。中年以后，他潜心于内功修炼，形成了自己独有的风格，开创了形意拳的练功体系。

为了宣传太谷形意拳，杨凡生与师兄弟程素仁、李泰良创立了国际形意道联盟，于2004年在太谷成立了国际形意道联盟发展中心，此后来自世界多国的形意拳爱好者慕名前来学习。杨凡生三次到俄罗斯传授过形意拳，曾组队去美国进行形意拳学术交流。杨凡生参与组织过六届“春苗杯”太谷县形意拳比赛，参与组织过全省“三多杯”形意拳邀请赛、全国

杨凡生

“多宝杯”形意拳邀请赛，参与组织过两届国际“中远威杯”形意拳邀请赛等多种赛事，为扩大形意拳的影响做出了突出贡献。

杨凡生培养出了一大批门人弟子，多次在各种比赛中获奖。弟子苏瑛、杨立勇、段志峰、杨小锐等人都拿过全国性、国际性比赛的多项金牌。

杨凡生为太谷形意拳教育传承奔走疾呼。2007年，杨凡生创办了太谷形意拳文武学校，开始通过学校教育培养形意拳传人，来推动形意拳的社会保护和传承。他连续两年在形意拳学校培训太谷县中小学体育教师，于2009年促成形意拳纳入太谷中小学的体育课程，在全县一百多所中小学校推广“形意拳”，有利于形意拳的发展，加快形意拳走向普及并得到更好的保护。把形意拳列入当地学校教育，太谷是全国第一家。

为更好地传承形意拳，杨凡生钻研教材编写，呕心沥血，编成初、中、高级的三册《形意拳教材》，并亲自录制教学视频，从童子功及各种基本功循序渐进至形意拳套路、兵器及技击运用技巧的训练，在教学活动中激发学生习练形意拳的兴趣，提出思想、品德和纪律的要求，培养学生的高尚人格和坚持每天锻炼的良好习惯。

2014年7月23日晚，杨凡生因操劳过度突发心梗，医治无效去世，享年六十六岁。

杨凡生曾任国际形意道联盟副主席、山西省形意拳协会常务委员、晋中六合形意拳协会副秘书长、晋中市太谷形意拳协会副主席、太谷武术协会副主席、太谷县形意拳文武学校校长等社会职务。

第六章

形意拳的传承故事

没有学历文凭的教员布学宽，不知道是否听说过蔡元培，但是蔡元培先生于1912年《对于教育方针之意见》中主张的“军国民教育”思想，一定影响到了当时的学校教育。什么是军国民教育呢？就是除了中国固有的“礼、乐、射、御、书、数”这六种文武合一、智德兼备的“六艺”教育外，同时应该注重“智、信、仁、勇、严”五种武德的培养。蔡元培认为，从国外传入的“军国民教育”并不是一种理想社会的教育，然而在中国，却是“今日所不能不采者”，这种把体育置于德育、美育之前，对外实行自卫，对内反对军人强权统治的教育思想，一矫过去消沉的民气、文弱的顽风，这在当时是进步的。

第一节　车毅斋：奇侠车二师傅

车毅斋（1833—1914），学成武艺后，祁县富豪乔致庸聘他护院，同时教授其孙子乔映霞、乔映庚形意拳。人们按排行尊称他为“车二师傅”。

1888年，车毅斋应乔家邀请到天津商号护院，听说日本在天津驻军的教官板山太郎摆擂台比武，已经打败多名中国武师。车毅斋听闻心中大怒，当即前去打擂。

板山太郎见跃上擂台的这个中年人“行则如风、站则如钉”，而且身材高大，气势威严，感到来者绝非一般人，就提出各自戴好护具。车毅斋撇嘴一笑：“无妨，我不需要。”

板山太郎持枪比拼，车毅斋用自己随身携带的白蜡杆迎战。

板山太郎凝心聚气，奋然举枪连刺车毅斋，攻势疾如迅雷，车毅斋均轻描淡写，不慌不忙，一一化解。交手仅数招，车毅斋就看出板山太郎的弱点和破绽。他以迂回步、盘根步吞吐趋避，诱进板山太郎的枪，并使之落空，无法撤枪防御，将自己手中的白蜡杆翻手一拧，向前一击，迅即刺中板山太郎的胸口。板山太郎感到一股巨力冲击，猝不及防，一下子跌出去一丈多远。

向来自负的板山太郎没有反应过来出招数，已然大败，但心中不服，提出较量剑术。车毅斋自信地说：“比啥都一样。”

板山太郎使出自己的得意剑招，剑吐寒光，眼冒杀气，笼罩住车毅斋的全身，奋力向他刺去。谁知车毅斋灵巧地稍一偏身，不仅卸去剑招，而且神鬼莫测，手中剑已然刺中板山太郎的手臂。

板山太郎对车毅斋无比敬佩，当场提出要拜车毅斋为师。车毅斋见他态度谦恭，听翻译说明白诉求，哈哈一笑，坚决拒绝并大声说道：“你欺负中国人，我岂能让中国的绝技传给你这种外国人!”此举表现出他崇高的爱国主义精神和高尚的民族气节。

车毅斋击败日本高手，为国人争得荣誉，获得清政府表彰的“花翎五品军功”荣誉称号。

李洛能的河北弟子郭云深以“半步崩拳打遍天下”而著称，听说山西的师兄车毅斋武功出神入化，就到太谷找车毅斋切磋技艺。郭云深比车毅斋大十三岁，但是入门晚。他对车毅斋施礼之后，也不休息，说明来意就动手，而且一上手就用崩拳。郭云深的拳法独步海内，尤其是半步崩拳打遍南北无敌手。车毅斋被郭云深的崩拳“逼”得连连后退，眼看背后就是墙角无路可退时，郭云深却瞬间不见了车毅斋。车毅斋已在其背后拍拍他的肩膀说：“师弟，我在这儿。”郭云深转身称赞师兄：“了不起！神拳也!”

车毅斋

车毅斋是公认的“形意拳大师”，他的形意拳被后人称为“车派形意拳”。车毅斋所传递帖弟子十八人，有李复贞、王凤翙、吕学隆、布学宽、宋铁麟、李发春、樊永庆、孟兴德、刘俭等，此外还有十余位未递帖的弟子，也是个个出类拔萃，比如把形意拳传到东北的杨永蔚。

1983年5月15日，在政府的支持下，太谷县成立了车毅斋形意拳社，为了更好地继承和发展形意拳术。车派形意拳已在山西、北京、河北、河南、天津等地广泛传播。

第二节　李复贞：打出来的威名

早期的形意拳在练法上具有刚猛、粗犷、古朴的风格特点；打法上狠毒凌厉，“举手不留情，硬打硬进无遮拦”，毫无花拳绣腿，在实战中能招招制敌于死地。李复贞是其代表人物。

李复贞（1855—1930），又作复祯、述贞，字幹臣，小字常有，人称常有师傅，太谷县贾家堡村人。李复贞精于技击，一生走镖、护院、授徒，敢打善斗，以“快打猛攻，乱而取之”的搏击风格闻名江湖，武林誉为“技击泰斗”，是清末民初继车毅斋之后山西最负盛名的拳师。1932年，《山西国术体育旬刊》登载了一首赞誉车毅斋、李复贞的诗，其中有：“毅斋桓桓多好武，复贞又称人中杰。”

李复贞是车毅斋的首徒，武功深不可测。有一天，李复贞和师弟三多堂镖头吕学隆切磋技艺时，太谷曹家青龙寨的镖师吴丙戌气势汹汹地来找吕学隆，声言要见个高低。李复贞好言相劝再三，吴丙戌执意不听，并口出恶言诽谤侮辱他们。李复贞愤然说：“今日鄙人代师弟奉陪。”吴丙戌不知好歹，上前动手。李复贞将身一纵，只一招“悠捶盖顶”肘砸式，早将吴丙戌打得瘫倒在地。

1904年，李复贞为太谷县富商往河北灵寿、行唐走镖，路经盂县通往河北的十八盘时，遇到劫匪“黑老鸦”（全身黑衣，轻功高超）埋伏劫镖。

李复贞

“黑老鸦”武功高强，抢劫商民，心黑手辣。他见李复贞无意“贡献”，就手持双刀恶狠狠猛扑李复贞，李复贞则不慌不忙，持枪相迎。二人交手仅几个回合，李复贞一个长枪短用，将刀打飞，翻枪一挑，将“黑老鸦”挑出一丈多远，顿时血流如注。众歹徒一见李复贞神勇异常，匪首毙命，惊慌而逃，从此盂县至灵寿之间多年平安无事。

1934年，北京的《体育季刊》登载《记拳师车毅斋及李复贞》一文，介绍车毅斋武功臻于神化之境，名震八方，“华北数省慕名而来角艺者，不下七十余人。凡角艺者至，命其徒复贞先较，然皆为复贞所败”。

李复贞对形意拳原理领悟透彻，应用于实战中能随心所欲，而且虎形拳、五行拳、十二形拳都有自己的独创，同人誉其特技：“五花炮，绞稍子，下盘善用鸳鸯脚（戳脚），连环手法虎扑子，枪尖能贯千斤力。”李复贞说：“练打要眼毒、手毒、心狠。练虎形要凶猛逼真，其残忍如同狼吃猪。”据老前辈传言，李复贞练虎形时，由于精、气、神贯注饱满，旁观者看见了不由得胆寒生畏。

李复贞思维敏捷，聪颖好学，吸取了鸳鸯门的鸳鸯脚精华，运用形意拳的内劲，独创出别具一格的心意十八腿，拳脚同攻，每战必胜。据老前辈们讲，李复贞平时待人和蔼，但谈武术则神态威严，即便演练拳术，也是举手不留情，当堂不认父，被他打伤致残的登门比武者，出名的武林高手也不下二百，是名副其实的“常胜将军”。

李复贞对其技艺从不保守，师弟中的许多对练套路，都由他所传。他的传人以清徐陈际德，寿阳阎廷胜，祁县乔锦堂，太谷武玉山、朱福贵、抗日英烈邱凤鸣等人最有名。山西形意拳名声日隆，和李复贞有直接关系。

陈际德是李复贞的高徒。陈际德（1881—1965），字敬轩，徐沟西怀远村人，十四岁时拜李复贞为师。据陈际德自述，起初他练拳不下功，十六岁时惹了事，被“二毛子”抓住，捆绑起来要带到城外河滩砍头。师傅听到报信，立即拿了一根齐眉棍追赶，飞奔到城门口撵上了众人，他一个人一条棍，“噼噼啪啪”声中，不一会儿就将二百多个“二毛子”打得四散奔逃，救了他一条命。

从那以后，陈际德苦练武功，而且跟着李复贞往来于车毅斋、宋世荣、李广亨等老前辈身边，耳濡目染，心领神会，练就了一身绝技，成为山西最著名的形意拳师之一，曾在榆次和太谷的国术馆执教，后在山西国术改进研究会任总教练。陈际德的拳风像李复贞一样招式狠辣，但他把人凌空打出而不伤其内，这拳技改变了李复贞伤人致残之弊。

第三节　宋铁麟：一鸣惊人冠省城

宋铁麟（1885—1978），名国祥，字铁麟，以字行。宋铁麟自幼得伯父宋世荣真传，受过河北形意名家李存义等人精心指点，武功精湛，尤其擅长散打，但他为人和善低调，从不炫耀自己，十五岁后曾随伯父以修理钟表为生。

1929年，在山西省全省武术赛会上，作为太谷县的选手，形意名家布学宽表演了蛇形、虎捕等，功大艺精而获得如雷鸣般的掌声。随后上场的宋铁麟表演了形意拳的猴形绝技，技冠群芳，次日的省城晚报上大字标题刊登：《宋铁麟之猴形》一文。

宋铁麟表演一鸣惊人后，不少人登门比试，他都谦逊相待，点到即止，并不伤人，因此声望更高。1935年，太谷县在城内借钱庙成立国术馆，县长李腾蛟兼任馆长（次年由布学宽兼任馆长），宋铁麟被公推为副馆长，具体负责各种事务，推进了太谷武术运动的发展。同年5月，宋铁麟和布学宽、吕家麟等人共同发起“体育游艺”活动，并组织了全县学生运动会，使太谷体育运动气象一新。

1938年，日伪县长白某曾多次找宋铁麟，逼迫他出任日伪县保安团团长。宋铁麟坚辞不就，毫不畏惧地告诉对方：“国难当头，我堂堂中华武士，没能为国捐躯，已是憾事，岂有委身为倭寇效劳之理！”之后，他遂

宋铁麟

放弃城里的生意和产业，送家人到山村徒弟家里避难，自己只身远走他乡。

宋铁麟内功深厚，攻防自如。八十四岁时的一天，宋铁麟正在北房靠东墙的床边端坐，进来姓曾、姓宁的两个六十余岁的外地拳师。他俩本来是专程到太谷宋铁麟家拜会的，但是进来见没有他人，就动了歪脑筋。宋铁麟正要起身迎客，曾拳师已迅疾到了跟前，用双拳按住宋铁麟的两只胳膊，欲置他成站也站不成、坐又坐不下的窘态。宋铁麟抖转化力，顺势一个崩拳，打在曾拳师的后肋，曾拳师当即跌出丈外，重重撞上北墙，瘫倒在地。宋铁麟怒目直视，怒斥二人："欺人太甚!"二人羞愧不已，连连道歉后离去。

宋铁麟一辈子总是气宇轩昂，腰板笔直，神采奕奕，声若洪钟。他挖掘整理的形意拳麟角刀，是独一无二的兵器，他的高徒赵永昌曾在1980年的全国武运会上表演此刀，荣获金牌。晚年，宋铁麟除兼任太谷县武协主席外，还多次被选为县人大代表和政协委员。宋铁麟善于治疗目疾，1950年当了眼科中医，行医二十多年，许多眼科的疑难杂症，被他用妙术治愈。

宋铁麟入室弟子有二十余名，其中吴立孝、赵永昌、田种兰等人都是形意拳名家。形意拳大师宋光华是宋铁麟的长子，也是宋铁麟唯一的家传弟子。

宋光华手持的麟角刀是宋氏形意拳独有的器械

第四节　布学宽：尚武爱国　武人文养

1930年，布学宽被聘为太谷铭贤学校的国术教员，他是该校唯一一个没有学历文凭的教员，但他是学校内外人人敬重不已的“布先生”。

布学宽组织学校师生成立了“国术团”，倡导“国术救国”。他确定的习武宗旨为：“锻炼个人体格，养成尚武精神。”布学宽教导学生们正确理解尚武精神，他经常讲：“尚武精神不是单纯练武，而是爱国精神。”

1931年，九一八事变后，东北沦陷。布学宽义愤填膺，他认为抗日救国必须有强壮的体魄，没有好的身体，则没有坚强的意志、吃苦耐劳的精神，也就没有爱国的魂魄，那么抗日救国就会沦为空谈。于是他积极联合太谷县武林同道，发起成立国术研究社，担任社长，实实在在去做事情。布学宽的弟子杜级三在《太谷星期报》上发表《国术救国》一文时布学宽在《太谷星期报》上公开声明：“打破自私自利的门派观念，每星期日上午九时与每月之初一日，在西街寄卖社公开授拳。”他教育门人弟子们：“国术是救太谷图自强之根本。国

蓄须明志的九位爱国者。1941年，布学宽等人在武尧卿家合影，他们蓄须是表明不当汉奸的坚定决心。从左至右，前排：赵铁山、康斗光、杜玉武、杜砚田。后排：武尧卿、苗际泽、布学宽、武注东、代忠杰难当头，爱国精神是首位。我们作为练武人，大丈夫男子汉一定要有骨气，爱国爱乡，不论你是什么信仰，不论你在什么情况下，都要牢牢记住，你是一个中国人，绝对不能当汉奸!”

没有学历文凭的教员布学宽，不知道是否读到过蔡元培先生的《对于教育方针之意见》(简称《意见》)，但《意见》中主张的“军国民教育”思想，一定影响到了当时的学校教育并影响了布学宽。什么是“军国民教育”呢？就是除了中国固有的“礼、乐、射、御、书、数”这六种文武合一、智德兼备的六艺教育外，同时应该注重“智、信、仁、勇、严”五种武德的培养。蔡元培认为，从国外传入的“军国民教育”并不是一种理想社会的教育，然而在中国，却是“今日所不能不采者”，这种把体育置于德育、美育之前，对外实行自卫，对内反对军人强权统治的教育思想，一矫过去消沉的民气、文弱的颓风，这在当时是进步的。

山西素有尚武的精神传统，国难当头，更有抵抗外强的需要，于是与这样的教育理念不谋而合。1936年，铭贤学校成立“国难教育领导组”，布学宽担任副组长，领导学校师生开展爱国主义教育活动。1937年日军占领太谷前后，布学宽所建铭贤学校国术队的成员勇敢地走上战场，并具体支持进步师生的抗日行动，“与日寇进行了不屈不挠的斗争。如侯维煜、王大任、仝玉一、吴德凯、吕东宾、李士荣、郭振武等，有关他们的故事铭记史册”。（《山西铭贤学校办学述评》）吕东宾和李斯宁参加太谷人民抗日游击队后，布学宽秘密提供了二十多支军训步枪。

布学宽因在铭贤学校校产管理委员会任职，有守护的职责，便留在太谷城内。他一身正气，与好友赵铁山等九位老人（当时宋铁麟避难不在太谷），蓄须明志，绝不为日寇做事。车毅斋纪念碑碑文中记载有日本人败于中国武术家之手的羞耻，日寇欲毁其证，派日伪汉奸三次找布学宽，威逼利诱，追查石碑下落，均遭布学宽严词拒绝。

抗战期间，布学宽秘密开展抗日工作。他利用武术界广泛的师徒关系，收集传递情报、组织购买药品、营救爱国人士，做了许多有益于抗日救国不为人知的工作，践行了他的誓言：“国难当头，我们练武之人，尚武精神不能丢，一定要把车二师傅的爱国精神传下去。”

第七章 形意拳的保护手段

形意拳的保护及在当代的发展，是中华优秀传统文化与现实生活相融合，实现创造性转化和创新性发展的过程。在经济社会的快速变迁中，形意拳既面临遭受冲击、加速消解的现实威胁，也面临承前启后、继往开来的历史机遇。

第一节　山西形意拳的现状及存在形式

形意拳创始人李洛能在山西太谷创拳收徒，晚年回到河北深州广收门徒，形意拳在太谷与深州历来兴盛，两地现在都是举世闻名的武术之乡。2008年公布的第二批国家级非物质文化遗产名录的形意拳，申报单位是河北省深州市，保护单位是深州形意拳协会，项目序号798，编号Ⅵ-26，类型为新增项目。根据“相同的非物质文化遗产项目，其形式和内涵在两个以上地区均保持完整的，可以同时列入国家级非物质文化遗产代表性项目名录”的法律规定，山西省太谷县在2011年申报形意拳列入国家级非物质文化遗产名录，序号和编号用2008年确定的，保护类型属于“扩展项目”，保护单位是晋中市太谷形意拳协会。从此开始，山西形意拳在社会层面上进入了新的发展时期。

太谷是山西形意拳的大本营。1996年，太谷县因形意拳被授予全国“武术之乡”的称号，当地领导和人民群众对此很看重，习武尤其是习练形意拳的意识深入人心。形意拳的国家级和省级传承人都是太谷人，且在太谷居住生活，对太谷塑造形意拳之乡的传承、传播起着举足轻重的作用。2021年，太谷区（2020年4月太谷撤县设区）现有常住人口三十二万，有近两千人长期习武，加上学生，习练形意拳者达到三万余人，有车毅斋武馆、东怀远拳社、朝阳武协以及实验小学武术队等几十个武术馆、社、队，经常会有日本、英国、新加坡、美国、俄罗斯等国的国际友人前来参观学习。受太谷影响，太谷相邻的榆次、清徐、平遥、祁县等地，习练形意拳的人也较多，都有形意拳武术协会。山西的形意拳和省外、国外武术界都有密切交流，在一些高校还有以教山西形意拳为主的武术教师，为保护、传播形意拳创造了有利条件。

在社会上，人们多出于习武兴趣或强身健体、防身自卫、祛病延年、修身养性等目的学习形意拳。在学校，学生是作为完成校本课程的任务学习形意拳，由此产生兴趣在课外习练的人也不在少数。

形意拳的传承以师徒传承、武术馆校练习、自由练习（武术爱好者是通过影像资料、图书来自主练习）、学校教学、公共场所学习等方式最常见，这五种传承方式各有所长，但因师徒传承是传统武术最基本的传承方式，也是徒弟热爱形意拳愿意下功夫学习并终身习练的一种表态，是师傅教各种“真功夫”的一种约束方式，师徒传承依然是形意拳传承的核心方式。

形意拳习练的主要内容方面，有单拳、套路和对练三种。

单拳可分为五行拳和十二形拳，演练时以每个动作重复练习，这是进行套路演练的基础。五行拳是基本的动作，也是练步法、身法，练整体，

太谷的形意拳活动丰富多彩，深受欢迎

形意拳融入生活才有活力

练意，练气的根本；十二形拳，进一步加大了难度及活动量，二者有相同的部分，又有不同的部分。

套路分为徒手套路和器械套路。常见的徒手套路有传统的四把、五行拳、六合拳、八字功、五行连环拳、进退连环拳、形意十七式、综合形意拳等，还有近年来的中国形意拳系列规定套路（形意拳初级竞赛规定套路、中级竞赛规定套路、高级竞赛规定套路）和中国形意拳段位制套路。传统器械演练主要有三才剑、五行剑、六合剑、龙形剑、六合刀、六合双刀、四门刀、六合枪、翼德枪、梅花枪、五行棍、九州棍等，还有形意刀竞赛套路、形意枪竞赛套路、形意剑竞赛套路、形意棍竞赛套路。

对练有徒手对练、器械对练。徒手对练主要有五花炮、安身炮、五行生克等。器械对练主要有单刀破花枪、三节棍对花枪、双刀对练、六合剑对练、三才剑对练等。

习练单拳和徒手套路的人最多，习练器械和对练的人较少。

在促进形意拳竞技比赛、表演的发展，练习人数增多的同时，民间拳师在减少，有许多形意拳的精华悄然丢失。诸如传统形意拳的演练风格逐渐流失、形意拳传统功法也正在逐渐丢失，传统练法中的九套环、连环手、劈锤和很多难度大的器械内容，现在很少有人练习。

国家政策的支持，地方政府的管理，学校教育的开展，形意拳协会的推广，形意拳各门派的传承，虽有效地促进了形意拳的发展，但形意拳的民间拳师的不断减少，使原有风格在逐渐丢失。这一问题已经引起各方面的关注，正在探讨解决之道。

形意拳进学校

第二节　形意拳的调查保护

2011年《中华人民共和国非物质文化遗产法》正式颁布实施后，我国非物质文化遗产保护法律体系和工作机制日趋完善。国家设立了非物质文化遗产保护专项资金，山西省颁布了非物质文化遗产保护条例，设立了非物质文化遗产保护中心，以保护传承实践、保护传承人、保护传承环境为重点的工作机制不断健全。贯彻“保护为主、抢救第一、合理利用、传承发展”的工作方针，深入实施非物质文化遗产传承发展工程，使形意拳保护传承工作水平得到切实提升，形意拳传承实践日渐活跃，传承活力大幅提高；形意拳代表性传承人传承条件明显改善，社会地位不断提高，传承人群的精神风貌和形意拳的存续状态发生了积极变化。

法律是形意拳发展的重要保障。作为国家级非物质文化遗产的山西形意拳，享有《中华人民共和国非物质文化遗产法》《山西省非物质文化遗产条例》等法律法规的保护。《中华人民共和国非物质文化遗产法》第三条规定：“国家对非物质文化遗产采取认定、记录、建档等措施予以保存，对体现中华优秀传统文化，具有历史、文学、艺术、科学价值的非物质文化遗产采取传承、传播等措施予以保护。”据此，山西省县级以上人民政府已将形意拳等非物质文化遗产的保护、保存工作纳入本级国民经济和社会发展规划，有相应的文化主管部门负责其保护、保存工作，并将保护、

1975年，宋铁麟九十一岁时，众后学探望时合影

山西省形意拳研究会全体理事合影

保存经费列入本级财政预算，有序开展保护。

对山西省的形意拳资源做专项普查，完善形意拳档案及相关数据库，是做好形意拳保护的基础。在非物质文化遗产普查和数字化保护方面，山西省非物质文化遗产保护中心召集有丰富经验的专家、文化工作者、大学生及志愿者组成普查队伍，带上先进的数字化录音录像设备，深入山西省各县区基层进行广泛调查，搜集线索，采录信息，采访并登记传承人，拍摄照片，录制视频、音频资料，基本摸清了山西形意拳资源的种类、数量、分布情况、生存环境、保护现状及存在的问题。在此基础上，健全形意拳的调查信息共享机制，加强资源整合共享，在山西省非物质文化遗产保护中心和各地的文化主管部门、武术网站上以专题方式公开呈现出来，让有意者能查询项目详情、形意拳信息、传承人情况以及观看图片、录像等，便于传播。

山西形意拳流传的地域主要在山西，但在东北三省、北京、天津、重庆、陕西、安徽、浙江等省市都有广泛流传，调查记录不应遗漏省外的山西形意拳同仁。文化主管部门与各级形意拳协会都可以利用合作关系，开展摸底调查，建立形意拳档案及相关数据库，掌握全国范围内的形意拳传播的基本情况。

把完善形意拳记录体系，拓展形意拳代表性传承人档案记录工程，作为形意拳调查保护的重点。在全省前期调查记录的基础上，文化主管部门和其他有关部门进行非物质文化遗产调查，运用文字、图像、音频、视频等方式，对国家级、省级形意拳代表性传承人实施真实、系统的记录；对市、县非物质文化遗产代表性项目和代表性传承人实施记录，全面反映形意拳的内容、表现形式、流变过程、核心技艺和传承实践情况。各级代表性传承人大多年事已高，先选择紧要的代表性传承人开展非物质文化遗产抢救性记录，防止流失。比如先启动年满七十周岁及不满七十周岁但体弱多病的各级代表性传承人的记录工作。记录和保存他们所承载的独到技艺、文化记忆，逐年分步实施，从而对形意拳的内容与表现形式、流变过程、核心技艺和传承实践情况进行全面、真实、系统的记录和保存，并加强对记录成果的传播和利用。

宋光华带领宋氏形意拳门人参加国家级非物质文化遗产抢救工程留念

第三节　形意拳的传承保护

为了弘扬民族国粹，加大对传统非物质文化遗产的关注力度，传承山西地方特色拳种，打造山西形意文化名片，山西省相关部门十分重视探索构建常态化、专业化的形意拳传播体系，促进形意拳多层次保护、多渠道传播。2022年4月15日，山西省文化和旅游厅印发《关于进一步加强非物质文化遗产保护工作的实施方案》，为形意拳保护传承画好了“路线图”。在形意拳代表性传承人方面，从2022年5月1日起，山西省施行《省级非物质文化遗产代表性传承人认定与管理办法》，明确每三年开展一批省级“非遗”代表性传承人的申报和评审认定工作，旨在进一步健全山西“非遗”保护传承体系，增强“非遗”存续活力和实践能力，提高省级“非遗”代表性传承人队伍的建设与管理水平，这为今后省、市、县文化主管部门组织形意拳调查，对形意拳代表性传承人予以认定、记录、建档，提供了可操作性的政策依据。

山西省至今认定的形意拳国家级代表性传承人一人，宋光华；省级代表性传承人有四人，高宝东、布秉全、吴秀峰（已去世）、杨凡生（已去世）；市级代表性传承人有五人，许文慧、杨立勇、吴会芬、李世全（已去世）、陈甲福（已去世）；县级代表性传承人有六十一人。这些传承人能熟练掌握其传承的形意拳；在形意拳的文化、流派、拳理、内容、比赛、著述、传播、研究等领域内具有代表性，他们还积极开展传承活动，并在一定区域内具有较大影响。

在形意拳保护过程中，这些年基本上做到了对形意拳传承人采取认定、记录、建档等予以保存的措施，同时形意拳保护的宣传工作得到切实加强，提高了全社会把形意拳当作非物质文化遗产保护的意识，但“巩固抢救保护成果，提高保护传承水平”任重道远，对形意拳代表性传承人的保护还需要加强。

形意拳代表性传承人数量少，年龄偏大，不利于形意拳的传承。尽管形意拳是“长寿拳”，生于1932年的宋光华于2018年才被列为形意拳国家级代表性传承人。截至2021年底，省级代表性传承人已经有两人去世，健在的高宝东生于1941年，布秉全生于1945年，他们在传承方面既有自己独特的优势，又有不再年轻带来的劣势。接班的市级代表性传承人仅有许文慧、杨立勇、吴会芬三人，没有形成合理的发展梯队，传承人队伍后继乏力。因此，山西形意拳传承保护的最大难点在于选拔出数量充足、结构合理、符合要求的各级代表性传承人。加强传承人梯队建设，拓宽传承人培养渠道，提升传承能力，建设一支忠诚、执着、朴实的代表性传承人队伍，是形意拳保护必须完成好的长期而艰巨的任务。

形意拳的保护、传播是系统性的社会事业，需要做的事情很多，政府必须要主动介入，宣传、引导、组织措施要切实到位；要保障加大形意拳传承力量的培养力度；要通过设立奖项，对具有卓越贡献的形意拳代表性传承人（群体）予以奖励，让其安心开展技艺的传帮带；要加强形意拳研究工作；要支持形意拳代表性传承人与高校、研究机构合作，开展与形意拳有关的科学技术研究和形意拳保护、保存方法的研究，围绕形意拳保护工作面临的重难点问题委托研究课题，建设形意拳研究基地和专家资源库，挖掘阐释形意拳蕴含的中国文化基因及其应用价值。

在形意拳的传承保护、传播方面，大学以其人才优势发挥着越来越重要的作用。山西农业大学多年前就把形意拳引入校园，多次在形意拳大赛中蝉联团体冠军，斩获多枚形意拳金牌。山西大学2019年获批成立山西省“形意拳”优秀传统文化艺术教育基地，是山西省高校第一个武术文化传承教育基地。中北大学获批成为2022年山西省优秀传统文化传承基地，形意拳是其传承项目之一。

目前，市、县各级文化和旅游主管部门对形意拳代表性传承人有效保护的制度和措施空缺较多，在实施过程中还存在需要改进的方面。比如出版图书、外出讲学宣传需要经费，但是这笔经费每个代表性传承人是多少、怎么发放？并不明确，如果没有找到出资方，基本需要自费。因此，对各级形意拳代表性传承人要加大支持力度，对他们培养后继人才，开展授徒、传艺、交流活动，妥善保存相关的实物、资料，配合进行形意拳调查、记录和研究，建立具有激励性的机制。根据实际需要，为他们提供或协调必要的传承场所、提供必要的保护经费和生活补助，支持他们参与社会公益性活动等方面，要尽快制定具体有效的帮扶措施，以利于提高“非遗”代表性传承人的技能，增强使命与担当意识，调动积极性，开展好保护工作。

随着社会形态的改变，形意拳赖以存在的条件发生了变化，功能由从前的技击为主变成了现在的健身为主。在健身方式众多、健身选择多样的情况下，要成为更多人群选择的健身方式，需要做好形意拳的传播保护，才能让更多的人知道它、学习它、传承它。

21世纪是信息化的时代，形意拳也应当利用信息技术来发展。适应媒体深度融合趋势，可以建立形意拳在线授课，加大形意拳传播普及力度。形意拳传承人要主动学习新媒体技能，做到能充分发挥微博、微信、短视频、直播、公众号、美篇等新媒体的作用，从而使自己更好地宣传形意拳，让形意拳通过新媒体得到更广泛的认知、认可。

形意拳保护要遵循在提高中保护的理念。提高非物质文化遗产传承发展水平，是坚定文化自信、建设文化强国的重要途径和必然选择。形意拳保护的关键是传承。只有不断提高形意拳传承水平，才能增强形意拳的表现力和吸引力，维护和拓展形意拳的生存与发展空间，鼓励和吸引更多的人加入传承行列，实现可持续的形意拳保护。

形意拳保护还要遵循融入现代生活的理念。非物质文化遗产是以人为核心、以生活为载体的活态传承实践。形意拳是以传承人为重要核心的活态传承，只有促进形意拳在秉承传统、不失根本的基础上，更多地融入现代人的生活，才能成为人们日常生活的重要组成部分。看得见，用得上，在千家万户的日常生活中得到传承，才是更好地实现形意拳的保护与传播。

举办大型赛事，是宣传、推广形意拳，使形意拳在生活里常态化的重要途径。2008年，首届国际形意拳交流大赛在山西太谷成功举办。此后，国际形意拳交流大赛又多次举办，广邀国内外武术名家、学者、众多形意拳练习者和爱好者齐聚太谷展露身手，增进交流，成为太谷的文化名片。在太原市，形意拳协会以“形意拳”为核心，自2007年以来举办了十三届“形意拳广场迎春展演”，以“体育拜年、健身过年、强健体魄、阳光生活”为主题，吸引了太原市各区县会员单位、形意拳爱好者一万多人次参与；协会还以“武术进校园、推广形意拳”为主题，举办了五届（含太原市第十、十一、十二届运动会）三千多人的“太原市运会暨省城全民健身节·形意拳锦标赛”。在活跃城乡群众文娱生活的同时，为传承山西形意拳武术文化发挥了积极效应。

形意拳保护在当代的发展，是中华优秀传统文化与现实生活相融合，实现创造性转化和创新性发展的过程。在经济社会的快速变迁中，形意拳既面临遭受冲击、加速消解的现实威胁，也面临承前启后、继往开来的历史机遇。

跋

形意拳是源自山西太谷的中华名拳，在山西省的国家级非物质文化遗产名录中引人注目。

写作《形意拳》多半因了一直以来对于中华武术的热爱。包括形意拳在内的中国功夫，名震寰宇，享誉世界。危难关头，保家卫国；和平盛世，强身健体。写作好《形意拳》，是对我们的信任，也是强大的挑战。

记得四十多年前，六一儿童节，一个不足六岁的女娃娃，尚是一个懵懂幼儿，穿着妈妈新买来的玫红色绸子衣服，在村里有几百年历史的古戏台上进行武术套路展示，瘦小的身体却爆发出惊人的力量。人们在台下互相打问着："这是谁家的娃娃咧?"这在这个不足千人的小小村庄，是第一次，恐怕也是唯一一次。

一路走来，我从小学的校园武术套路领操，到高中的南拳、小红拳、六合拳的习练，再到大学因同桌是形意拳全省比赛获奖者，了解到形意拳更多知识及其在国际上的影响，渐渐喜欢上了形意拳。也是在那一时期，一本本的武术书籍加入书架，且着迷于武侠小说中的快意恩仇……

王子虎先生作为一名历史文化学者，研究中华优秀传统文化多年，喜欢武术。小学生时代的他喜欢浏览《武林》杂志，学过一点“雷仁生棍法”，中学阶段在舅舅影响下练过洪拳的基础功夫，后来受同学李晓俊（形意拳名家王瑛徒弟杨文生的弟子）的影响开始接触形意拳，搜集有大量有关形意拳方面的书籍和论文资料，为写作本书提供了强有力的支持和可能。

在本书的写作过程中，我们认真查阅搜集到的各种形意拳书籍资料，深入形意拳习练人群，拜访形意拳名家，观摩形意拳活动，更客观地梳理、甄别历史真伪，探究脉络，走进形意天地，感受“非遗”魅力，越发体会到责任重大，不敢稍有懈怠，因此夜以继日，竭心尽力写作。

宋光华、布秉全、吴连儒、宋宝贵、吴会进、杨智、王建筑等形意拳名家为本书提供了第一手资料、照片供我们参考使用，郭齐文、宋承茵、路丽华、弓宇杰、李晓俊、魏永轩、郭宏等师友提供相关信息、联络方式或交通便利等，保障了本书田野调查的顺利进行。田青先生题写书名为本书增色，马峻先生、关志英编辑提出宝贵修改意见。以上诸位以及助力本书问世而未曾列名的师友亲人，在此一并致以深深的感谢！

随着对于形意拳了解的深入，除去形意拳相传百余年的格斗技击制敌之术、阴阳五行学说为总纲的“天人合一”健身养生原理和方法，更令人心生敬意的是，形意拳人那代代相传的仁爱、诚信、宽容、和谐、礼让等伦理、武德涵养，我们更愿意将这些非物质文化的传统精髓展示给读者。

可以说，是形意拳前辈们的人品道德和武术精神激励着我们写好本书。由于我们积累得还不够深厚，成书时间仓促，任务是否完成得好，就交由社会检验了，欢迎各位方家不吝指正。

李晋萍

2022年12月3日

附录

山西形意拳的世系传承已历经上百年，由于社会历史记录、人际关系、政治背景、人口流动、文化知识等方面的原因，造成了传承关系的复杂性和记录的滞后性。本书呈现的传承世系里的传人，能反映山西形意拳早期发展的师承情况、传承人分布、推广地区。

一、山西形意拳大事记

约1839年，李洛能开始向祁县戴家学习心意拳。

1849年，李洛能到太谷城内儒商孟綍如家当护院镖师，从此在太谷潜心创立形意拳，并先后收徒弟车毅斋、李广亨、贺运亨、宋世荣、宋世德等人。

1867年，李洛能返回河北深州老家，开始在河北收徒传播形意拳。

1888年，车毅斋在天津打擂台，打败日本武士板山太郎。

1890年，李洛能去世。

1891年，河北形意拳名家郭云深到太谷拜访车毅斋，交流技艺，住一年有余。后来他多次到山西以武会友。

1900年，河北形意拳名家李存义到太谷避难，和车毅斋、宋世荣等交流武艺。

1914年，车毅斋去世。李存义到太谷拜祭，和李复贞、布学宽、宋铁麟、刘俭等诸多师兄弟商讨形意拳门人辈次，决定以“华邦惟武尚，社会统强宁”十字为辈序，使后辈有谱可稽。

1918年，太谷成立体育会，布学宽任主任，并开始在城内八所学校教授形意拳。

1924年夏天，河北形意拳名家孙禄堂来山西，去介休拜访在晋军教拳的宋世荣。

1925年，车毅斋的徒弟李复贞，徒孙王凤翙等以及他的子孙刻碑纪念车毅斋。

1929年，樊桂（字瑞峰，车毅斋的徒弟樊永庆之子）编著《形意拳术讲义》，傅作义为其作序。

1929年，山西省举行全省武术比赛大会，布学宽、宋铁麟、任尔琪及其晚辈董秀州、穆休易、张永义、吴立孝等形意名家参会献艺。布学宽的蛇形、虎捕因功大艺精而赢得雷鸣般的掌声。宋铁麟的猴形绝技和任尔琪的盘根次日登载在山西的晚报上。

1930年，布学宽到铭贤学校任教员，在铭贤学校传播形意拳。

1931年10月11日，杜级三在《太谷星期报》发表《国术救国》一文，呼吁“为国复仇，国术是赖”。

1931年10月，布学宽等人在城内西街寄卖社成立太谷县国术研究会，教授武术。

1935年3月3日，太谷县国术馆成立，设址城内借钱庙。县长李腾蛟任馆长，副馆长宋铁麟、布学宽。

1952年11月29日，布学宽参加山西省第三次人民体育代表会议，当选为首届中华体育总会山西省分会委员，太谷县形意拳的代表人物在省体育战线上占有了一席之地。

1953年，山西省举办全省国术大会，布学宽出任大会总指挥。

1957年5月5日至7日，在太谷县举办山西省武术评奖观摩大会暨摔跤冠军赛。来自三市（太原、大同、榆次）七县（安邑县、万荣县、洪洞县、平定县、平遥县、太谷县、祁县）的武林高手，争相竞技。经过三天的紧张比赛，评出一等奖七人，二等奖十八人。太谷县参加比赛的运动员张永义、孙德宜、吴治泰、李福元、孟宪基获二等奖，李三元、程登华获三等奖。

1958年，太谷县武术代表队参加晋中地区第一届农民运动会，获团体总分第一名。

1958年，山西省举办首届人民体育运动大会，聘布学宽为国术项目的裁判长。太谷县体委派出了共计十三人的武术队。赴省代表队有宋铁麟、张永义、吴立效、孙德宜、梁焕章、李福元、李三元及李三元的三个弟子李玉兴等四代形意拳传人。会后，山西省体委开始组建省武术专业队，李三元、程登华被选拔为首批省武术队队员。同时，李三元兼任省武术队教练。

1960年，太谷县武术协会成立，选举布学宽为首任主席，宋铁麟为副主席，委员由各武术辅导站的负责人担任。在武术协会的组织领导下，很快在全县城乡、机关、学校掀起了群众性的武术活动热潮。

1960年，太谷县代表队参加晋中专区武术运动会，获得团体第一名。同年，山西省体委抽调省内部分形意拳名家布学宽、宋铁麟、苏登瀛、吴立孝、李三元、李桂昌、郝学儒等，组成山西省形意拳编写小组，由文化水平较高的郝学儒先生执笔，对形意拳进行挖掘、研究、整理。

1964年8月23—26日，在太谷县举行全省武术个人冠军赛。总裁判由山西大学教授陈盛甫担任，副总裁判由布学宽、宋铁麟、庞林太担任。参加比赛的有两个市（太原市、大同市）和四个专区（晋中、晋南、雁北、忻县）的代表队共计五十余人。晋中地区代表队由太谷县组队参赛，教练由程登华担任，运动员有李三元、贾惠卿、杜振远、孙国山、郝玉兰、吕声亮、许建邦等人，以绝对优势取得了好成绩。

1964年，布学宽被选为中国武术协会委员，成为山西省形意拳界唯一的一位全国武术协会委员。

1965年冬，孙德宜口述、孟庆威执笔写成《形意散手精义》初稿，集中了孙德宜练功和散手的经验体会，并把三百多个实用手法、腿法、肘法拍成照片，未及发表，不幸化为灰烬。

1966年正月十四、正月十五，太谷县举办了全县民兵武术比赛。比赛项目分拳术（形意、八卦、太极、长拳）、长短器械（枪、刀、剑、棍）和团体表演三大项。参加单位以城关和三十五个农村武术推广站为主。每个村最多可参加十人。

1980年，布华轩、布援强等人响应国家挖掘整理传统武术的号召，开始在社会上公益推广形意拳和洗髓经。

1981年，山西省成立形意拳研究会（1995年改为形意拳协会）。

1983年5月15日，在政府支持下，车毅斋形意拳社成立，以更好地继承和发展形意拳术。

1984年1月开始，太谷县成立县武术挖掘整理工作小组，进行全县武术的普查与挖掘整理工作，全县群众性武术活动蓬勃展开，全县设立了二十九个武术辅导站。

1984年3月，布华轩、布秉全著《洗髓经》出版。

1984—1986年，太谷县开展了“普查武术家底，抢救武术文化遗产”工作。

1985年4月，阎耀武著《山西车派形意拳》出版，这是太谷县最早正式出版的形意拳书籍。

1989年9月，首部太谷形意拳电视剧《铁掌雄风》开机拍摄。

1993年，吴殿科主编《形意拳术大全》出版。

1994年，太谷县成功举办首届全国形意拳邀请赛。

1995年，高宝东创编了“综合形意枪”套路，稍加改动被列为全国“形意枪竞赛规定套路”。

1996年，太谷县再次成功举办全国形意拳邀请赛。

1996年，在全国征集体育健身方法活动中，布援强撰写的《“洗髓经”功理功法》，载入《中华体育健身方法·征集》(第一卷)。

1996年8月18日，山西省晋中地区布学宽研究会成立。

1996年9月8日，在太谷县井神村成立“张永义武馆”。

1996年，太谷县被原国家体委命名为“全国武术之乡”。

1998年，高宝东著《形意拳》(武术系列规定套路）出版。

1999年，宋光华著《宋氏形意拳》出版。

2000年，程素仁著《形意宗师》出版。

2001年，宋光华著《宋氏形意拳续编》(上下）出版。

2003年，香港“希望之友基金会”引进资金，在太谷县北汪村开办了“形意拳希望小学”。

2004年，人民体育音像出版社出版发行了由高宝东指导和演示的《车式形意拳系列VCD教学光盘》十四盘。

2004年11月14日，国际形意拳道联盟发展中心在太谷县正式成立，这是形意拳的第一个国际性组织。

2005年4月，宋光华在香港注册成立了“国际宋氏形意拳总会”。同年5月，在太谷为宋氏形意拳宗师建立了纪念碑。香港，台湾，上海，河北邯郸，四川蓬安，江苏徐州，安徽蚌埠、淮南、宿州，山西太原、太谷、平遥等地；俄罗斯、美国、日本、马来西亚、印度尼西亚等国家相继成立了宋氏形意拳协会、研究会、分会等。宋氏形意拳门人多次组团参加国内外重大武术活动，并取得优异成绩。

2006年11月10日至12日，平遥宋氏形意拳协会受邀在新加坡理工大学参加了第二届世界国术综合锦标赛，在传统内家拳项目中，中国代表队共夺得六金二银二铜，其中平遥分会取得四金二银二铜的优异成绩。

2006年12月18日，经山西省人民政府批准，形意拳列入山西省第一批省级非物质文化遗产名录，序号62，编号Ⅵ-2。

2007年，杨凡生创办了太谷形意拳文武学校，为满足教学需要编成初、中、高级的三册《形意拳教材》。

2008年9月，吴秀峰主编的《形意拳发展史略》出版。

2008年9月26日至29日，山西省太谷县举办“中远威杯”国际形意拳搏击王争霸赛，竞赛项目分为形意拳传统套路比赛和搏击王争霸赛。此外，还举行形意拳宗师车毅斋诞辰一百七十五周年纪念活动及形意拳论坛、形意拳书画展、形意拳摄影展和剪纸、根雕等民间工艺展。

2008年12月，太谷县教育局把形意拳列入当地中小学课程，由当地车派形意拳第三代传人杨凡生编写教案，将胡家庄学校和明星小学作为试点进行尝试。

2009年5月，布援强编著的《洗髓经健身术》出版。

2009年5月开始，《中国形意拳》创作人员多次深入太谷、榆次、平遥、祁县等地，采访形意拳专家学者、民间知名拳师，最终在2010年底将六集大型纪录片创作完成。

2010年，形意拳正式走进太谷中小学，成为四万城乡中小学生体育运动和课间操的一项重要课程。

2010年9月，第二届“中远威杯”山西·太谷国际形意拳交流大会召开。

2011年5月23日，山西省太谷县申报的形意拳经国务院批准列入第三批国家级非物质文化遗产名录，序号798，编号Ⅵ-26，类型为扩展项目。

2011年，形意拳走进山西农业大学信息学院，成为大学生的一门必修课。

2011年9月13日，形意拳祖师李洛能纪念碑在河北省深州市落成。

2012年1月，宋光华、吴秀峰、布秉全、高宝东、杨凡生被确定为山西省省级非物质文化遗产项目形意拳代表性传承人。

2012年，太谷县中国传统形意拳研究协会成立，吴秀峰被公推为首任会长。

2012年8月，第三届“中远威杯”山西·太谷国际形意拳交流大会召开。

2014年，中国传统形意拳培训基地成立。

2014年8月26日，山西省晋城市形意拳协会正式成立，会员一百五十余人，意在开展各种形式的形意拳培训、学习和讲座，组织竞赛和参与外地竞赛，参与异地交流、观摩和学习等 。

2014年9月，第四届“中远威杯”山西·太谷国际形意拳交流大会召开。

2016年1月，布秉全著《形意拳名家布学宽年谱》出版。

2016年，吴连儒著《形意英雄传》出版。

2016年8月，第五届“启航杯”山西·太谷国际形意拳交流大会召开。

2018年5月，宋光华被中华人民共和国文化和旅游部确定为国家级非物质文化遗产代表性项目形意拳的代表性传承人。

2018年9月，第六届“车毅斋武馆杯”山西·太谷国际形意拳交流大会召开。

2018年12月，布秉全著《太谷形意拳史料研究》出版。

2019年11月12日，形意拳入选调整后的国家级非物质文化遗产代表性项目保护单位名单。山西形意拳的序号为374，项目编号批次为Ⅵ-26（2-1），保护单位为晋中市太谷形意拳协会。

2019年11月，中华人民共和国文化和旅游部办公厅组织开展了国家级非物质文化遗产代表性项目保护单位检查和调整工作，形意拳保护单位为深州形意拳协会。

2021年7月，吴连儒著《形意英雄传》（增订新版）出版。

二、山西形意拳传承世系

山西形意拳的世系传承已历经上百年，由于社会历史记录、人际关系、政治背景、人口流动、文化知识等方面的原因，造成了传承关系的复杂性和记录的滞后性。本书呈现的传承世系里的传人，能反映山西形意拳早期发展的师承情况、传承人分布、推广地区等，系根据吴殿科《形意拳术大全》、布秉全《太谷形意拳史料研究》和王建筑先生的资料整理而成，属于不完全统计，实际总人数应该更多。

山西形意拳传承世系概况（1-4世）

1. 第一代祖师李洛能传第二代宗师

师傅	李洛能							
徒弟	车毅斋	贺运亨	李广亨	宋世荣	宋世德	张小平	刘奇兰	李镜斋
	郭云深	李太和	刘元亨	张树德	刘晓兰	李占元	白西园	孟志荣

2. 第二代宗师传第三代“华”字辈

附表2.1　车派形意拳传承谱系　车派形意拳创始人车毅斋传第三代“华”字辈

师傅	车毅斋						
徒弟	白光普	布学宽	车兆烈	车兆俊	车兆杰	樊永庆	郭　昆
	侯孝贤	贾　祯	李复贞	李发春	吕学隆	刘　俭	孟兴德
	孟天锡	王凤翙	王丕春	王培本	王之贵	许承麟	武　杰
	赵　钰	赵仁成					

附表2.2　宋氏形意拳传承谱系　宋氏形意拳创始人宋世荣、宋世德传第三代“华”字辈

师傅	宋世荣						宋世德
徒弟	常鸿喜	常喜受	范映元	高世荣	贾金陶	贾蕴高	宋虎臣
	贾子林	刘维祥	吕　钰	南汉宸	牛明甫	庞泰昌	宋铁麟
	任尔琪	宋虎臣	宋青山	宋铁麟	宋晏彪	王嗣昌	宋宴彪
	武希贞	杨　建	杨起鹤	赵守钰	赵　裕	朱序臣	

附表2.3　李太和、贺运亨、李广亨传 第三代“华”字辈

师傅	李太和				贺运亨	李广亨	
徒弟	侯剑锋	李振邦	李　淮	牛福禄	董得茂	白解和	李润清
	刘玉山	李振兴	王孝功	王有祥	贺兆泰	牛　利	宁玉璋
	范　彬	薛振纲	王专祥	王天祥	任世旺	郭崇善	田仰武
	刘大生					孟振武	

附表2.4　刘元亨、郭云深、张树德、刘晓兰、刘奇兰传第三代“华”字辈

师傅	刘元亨		郭云深	张树德	刘晓兰	刘奇兰	
徒弟	杨德胜	张　彪	许占鳌	吴耀科	石振发	李存义	王福元
	雷明亮	郭国贞	李静斋	张茂隆	刘立山	周明泰	耿继善
	荣满宏	王天元	高济云	杨悦仁	杨扶山	张占魁	刘德宽
	郝大林	乔武毅	钱砚堂		刘凤轮	刘凤春	刘国春
	李文元	李玉山	刘勇奇		陈凤高	田静杰	赵振标
	武九元	冀补云	申万林		李云山	秦月如	李毅仲
	丁三把	张五蛮	王芗斋		刘维山	刘锦堂	刘殿琛
	王树森	孟老荣	刘自久		孙宝和	刘荣堂	张聚川
	乔武毅	王天寿	陈德勇		南云标	孟　昆	王振纳

3. 第三代“华”字辈 传 第四代“邦”字辈

3.1　车派形意拳传承谱系

附表3.1.1第三代“华”字辈布学宽传第四代“邦”字辈

师傅	布学宽						
徒弟	安玉山	白长青	白鹏年	白生玉	布秉贵	布华轩	布锦鲜
	布秉全	布锦花	布锦梅	布锦叶	布锦香	布锦蕊	蔡琅亭
	曹守朴	常守亨	车踩藻	车荣生	杜润堂	杜级三	杜大兴
	巩崇富	高春玉	郭步景	郭培德	韩万富	韩　晋	郝守芝
	郝思圣	胡殿基	胡跃亮	侯振业	来铭诗	兰家顺	冀一伦
	靳映渭	靳甲贤	刘家瑞	刘允中	刘根来	刘春芳	吕家忠
	吕家麟	吕效吾	李世全	李宝珍	李成林	李培中	卢昆武
	李英昂	孟宪文	孟昭庆	孟宪武	孟增华	孟廷芳	马建宏
	庞林太	庞守贞	乔　仕	荣再根	史焕美	史钟美	苏登瀛
	孙德宜	申　镒	庞俊芝	田整全	唐化山	杨　吉	杨全喜
	杨万春	杨友全	姚国桐	姚发礼	阎耀武	岳剑峰	许　浩
	武朝相	武玉民	武炳毅	武　溏	温敦熙	吴培森	吴连城
	吴厚泽	王锡铭	王继业	王三计	王日荣	王　瀛	王俊彦
	薛兆宏	薛兆宽	薛兆宸	薛盛才	尹振业	张永义	张　培
	张宗茂	张廷梓	张生荣	张炳型	张　谦	张觉先	张福山
	张　桐	赵富贵	周云楼				

附表3.1.2 第三代“华”字辈李复贞、樊永庆传第四代“邦”字辈

师傅	李复贞						樊永庆
徒弟	乔锦堂	陈际德	张尚贤	石全山	刘德宏	朱福贵	杨永蔚
	武承烈	邱凤歧	刘永发	车耀义	张师圣	李华亭	刘守先
	邱凤鸣	米增祥	李际虞	李国辅	武立锐	张　海	樊　桂
	程裕有	白照亮	姚肇基	段振奎	武玉山	武德胜	范连蛮
	乔锦章	张近贤	阎廷胜				吕宪武
							裴桂成

附表3.1.3 第三代“华”字辈吕学隆、许承麟、王凤翙传第四代“邦”字辈

师傅	吕学隆		许承麟		王凤翙		
徒弟	孟立纲	武仕杰	郭　恕	高应贤	白克胜	白锁成	车丕清
	张怀纲	孔祥麟	刘希茂	许廷璧	戴臭元	杜得胜	侯志远
	孙荣富	杜玉山	唐景荣	许廷玺	李开元	王立英	原世珠
	吕家麟	曹克孝	王　玉	夏　坤	岳春景	吴宝玉	张孝森
	王三猴	武德胜			张万春		
	武仕杰	张云富					

附表3.1.4 第三代“华”字辈侯孝贤、车兆俊、孟兴德、李发春、赵仁成、王之贵传第四代“邦”字辈

师傅	侯孝贤		车兆俊	孟兴德	李发春	赵仁成	王之贵
徒弟	崔学深	王连臣	段吉云	孟 福	韩荣华	杨生辉	杜英才
	潘仁杰	战开运			王好廉		
	王秀娥	潘东来			杨吉生		
	左广福	曲兴泰			李侯秀		

附表3.1.5 第三代“华”字辈刘俭传第四代“邦”字辈

师傅	刘 俭						
徒弟	白云雪	白俊年	程映光	程侯马	陈锡栋	成永宁	段振化
	董银来	段良玉	胡万英	胡赞元	胡积厚	胡宝玉	郝九洲
	何载功	侯丙俭	高庆瑛	贾元勋	贾兆祥	贾四儿	贾廷槐
	贾新年	贾有富	李广发	李春发	李德宏	李德茂	梁春寿
	刘福长	刘云子	柳广信	柳广忠	马映胜	史万选	史 德
	史继英	史清煜	田贵和	王义新	王志保	王侯秀	吴治泰
	吴义明	吴士信	吴殿科	吴仁会	吴连富	吴俊秀	赵培章
	吴连威	姚宪仁	武 佑	武存志	武丕全	武立清	肖庆祥
	张润宽	张映春	杨立志	杨国梁	杨立泉	杨应中	

3.2 宋氏形意拳传承谱系

附表3.2.1第三代“华”字辈宋虎臣、宋铁麟传四代“邦”字辈

师傅	宋虎臣		宋铁麟				
徒弟	车润田	陈光斗	高德明	陈鹤龄	陈锡荣	胡仲衡	胡增衡
	董秀升	李旭洲	郝甲梓	胡景云	胡友会	李宗山	杜春选
	吕佩双	潘振英	胡德敬	吴立孝	冯祖庆	冯祖祥	苗秀荣
	魏小全	魏小鑫	王道兴	苗秀荣	李旭洲	史一丰	孙福元
	张效先	张剑青	武福相	孙业民	宋光华	宋光洁	宋光耀
	刘实君	崔继先	武联昌	王敦本	田种兰	徐文忠	薛秉剑
	石瑞亭	邢子成	薛禄寿	温　敏	杨道生	杨致本	阎招统
	席子勤		张国梁	张国良	张子信	姚立文	袁　鑫
			赵基颖	赵永昌			

附表3.2.2 第三代“华”字辈任尔琪、贾蕴高、宋青山、宋宴彪传第四代“邦”字辈

师傅	任尔琪			贾蕴高		宋青山	宋宴彪
徒弟	杜　密	何连蛮	雷殿华	李永和	田镇丰	董子英	邢子诚
	吕殿华	马天明	孟克俭	郝湛如	焦番东		
	孟基泰	米之青	任翠珍	梁庆福	靳子陵		
	宋　登	王　敏	王　雄	王善之			
	王　明	王庆平	王　维				
	王四印	魏克俭					

3.3 山西车派、宋氏形意拳之外的其他形意拳主要传承谱系

附表3.3.1刘奇兰的弟子第三代“华”字辈李存义、张占奎、王福元传第四代“邦”字辈

师傅	李存义		张占魁		王福元		
徒弟	郝思光	黄柏年	韩慕侠	姜容樵	穆休易	刘士荣	齐振麟
	李彬堂	尚云祥	马登云	王俊臣	彭廷隽	彭映玺	彭喜太
	李云山	李文豹	白学海	王占恒	白守华	郑成权	王振纲
	李星阶	李海亭	刘晋卿	刘潮海	王继武	崔永裕	辛 辕
	李耀亭	王子翔	张远斋	马礼堂	阎汉才	牛只元	卜占梅
	赵云龙	阎子杨	赵道新	左桂林	王吉元	王建吉	李德茂
	傅剑秋	郭永禄	李存富	魏姜如	武斗南	韩太和	宁 钊
	马玉堂	韩其昌	张鉴堂	李子杨	王凤道	武麟祥	史化周
	姜玉和	于傅章	周玉蝉	韩云亭	黄贵锁	王来青	牛星太
	韩恰庵	左振英	王庆华	刘汇川			
	刘雁秋	麻锡广	武 铬	裘 玲			
	郭汉芝	周玉祥					

附表3.3.2张耀德的弟子吴耀科、贺运亨的弟子董德茂第三代“华”字辈传第四代“邦”字辈

师傅	吴耀科	董德茂					
徒弟	李志全	董子馨	冯春贵	郭维城	郭玺玉	王子玉	武班汉
	张鹤营	韩兆凯	郝霖瑞	李毓秀	路学东	杨　耀	张天旭
	吴连城	吕文佩	马辑五	米　崇	王喜胜	赵铁柱	赵克礼
		武振安	武攀汉	张　朴	张学奎		

附表3.3.3贺运亨的弟子贺兆泰、李广亨的弟子郭崇善、刘元亨的弟子杨德胜、李太和的弟子范彬第三代“华”字辈传第四代“邦”字辈

师傅	贺兆泰	郭崇善	杨德胜			范　彬	
徒弟	段　倬	刘福明	毕玉山	崔林祥	郭应斗	李云山	桑鸣歧
	郭维成	温殿宰	冯山林	侯富典	侯树林	常宪仁	李文鹤
	侯宪文		刘大庆	牛瑞兰	武玉山	董会文	白　瑞
	段云章		武本惠	杨金华	杨　显	冀有福	侯国贞
			赵海山	朱福贵		卢三货	张铭福
						张铭宝	郭　芝

三、车君毅斋纪念碑记

正面：是谓不朽清花翎五品军功车君毅斋纪念之碑

背面：车君毅斋纪念碑记

碑文内容：拳术，中国绝技也，有少林内外家之别。吾郡自咸同间此术独盛，一曰王长乐弟子，一曰戴文雄弟子。长乐，交人。戴氏小字二闾，则祁人也。戴氏祖传心意拳，少林外家支派，外传李老农。老农为吾世丈孟綍如先生座上客，再传车毅斋。时，予家客有燕人冯四者，亦精拳术，且能只马入乱贼中夺妇归。若论拳术，自愧不如老农甚。而毅斋得老农之术特精。尝游津，遇日人，知毅斋名，较剑术。日人奋然临，毅斋慢然应，倭败色沮，愿师之。毅斋婉谢焉。人问其故，斋曰："岂可使吾国绝技而传之外人耶！"毅斋平日于治田外别无事事。遇人恂恂不自足，而独于恤贫济孤事不少吝。予家旧有商业在斜阳寺前，燕人宋氏父子实经营之。宋氏亦心意拳术中人也，述毅斋事绝详。毅斋死，予以纂入县志方技传内。而毅斋门弟子王凤翙等立碑纪念，问序于予，不获辞，固略述其事如右。毅斋名永宏，行二，世居桃园堡，今为贾家堡人。

榆次常赞春篆，同邑孙丕基撰，同邑武中洲书。

弟　子

李复贞　王凤翙　孟兴德　白光普　孟天锡　李发春　布学宽
武　杰　王丕春　郭　昆　贾　祯　王之贵　王培本　刘　俭
赵　钰　樊永庆　吕学隆

徒　孙

邱凤鸣　邱凤岐　张尚贤　石全山　刘永发　车耀义　李际虞
李国辅　姚肇基　张近贤　段振奎　阎廷胜　程裕有　米增祥
武承烈　白照亮　张怀纲　杜玉山　武仕杰　孔祥麟　武德胜
曹克孝　杨永蔚　刘守先　车丕清　吴宝玉　张万春　张孝森
王立英　白克胜　原世珠　孟立纲　史钟美　吴厚泽　薛兆宽
薛兆宏　杨万春　刘家瑞　吕家麟　武炳毅　张觉先　张永义
卢　昆　杜连登　郝思圣　王锡铭　韩　晋　武立锐　胡万瑛
吴治泰　段振化　李春发　高庆瑛　史万选　赵培章　武　溏

男

俊

兆烈

杰

孙男

福、临

中华民国十四年乙丑七月　勒石

王凤翔捐资百圆

寿阳马志鹄刊字

（该碑现珍藏于太谷贾家堡武术馆，碑文标点为编者所加。）

四、布学宽：《太谷形意拳沿革纪略》

布学宽先生，我县著名武术家。生前曾任我县武术学会主任、全国体育总会山西分会委员全国武术协会委员、太谷县人民代表、太谷县人民政府委员、太谷县政协委员。1971年去世。此文是他1963年口述，由孟振古记录，李志刚整理的。此文入选时略有删节。

清代中叶，河南人李政精通心意拳术，并开门收徒。其时祁县戴隆邦在河南佘其镇开设十家店，接待来往客商，闻李政名，拜李政为师，尽得其诀。以后，河北深州人李洛能拜戴隆邦为师，得其真传，本县贾家堡人车毅斋（人称车二师傅）又递帖奉李洛能为师，车终身练习形意拳，精通“十四处打法”和“顾法”绝技，一时闻名华北。本县布学宽投车毅斋为师，学习形意拳术，在继承前辈技艺的基础上，创造了“狮吞手”和“洗髓经”，学成后，开门收徒。其弟子本县张永义、车跺藻、孙德宜等学拳各有专长。

1918年，本县各校增设武术课程，布学宽曾担任该课教师。直至1925年秋，武术课停办为止。在开设体育课的同时，还成立了县体育会，布负责主持会务。在开设武术课期间，各校青年学生都受到形意拳的锻炼，体魄日渐强壮。

后南京国术馆馆长张之江号召各地设立国术馆。本县积极响应设馆，由布学宽任教师。但不久，因无经费，国术馆自行停止。

1931年，太谷铭贤学校聘请布学宽任国术教员，直至1949年布先生告退为止。

布学宽师兄李复贞（人称常有师傅），擅长“雪鸯脚”，与人较量，出奇制胜。

历代武术家有个信条，即“宁可失传，不可胡传”，因此，多数武术家弟子不过三五人，对武术的推广极为不利。布学宽则不拘于这一陈规，在各校任武术教师，循循善诱，多方指导。因此，布学宽弟子盈门，桃李遍邻县，对群众体质的加强与自卫能力的提高均起到了一定作用。

1963年12月

选自《太谷地方史志资料选》第一辑

五、宋铁麟：《形意拳史》

宋铁麟先生，太谷县著名武术家，生前曾任太谷县武术学会副主任。本文是他1964年3月口述的。

关于中国武术形意拳的创造者，在明末清初之时，有蒲东诸冯人姬公，讳际可，字隆风，善于武术，经历有年，访名师于终南山，得到岳武穆王拳谱数编，融会其精微奥妙，后传授曹继武先生，时人莫不知其勇。先生习武十有二年，技勇方成，于康熙癸酉科武试联捷三元，供职陕西靖远总镇者是也。先生致仕归籍后，别无所好，唯将平生功夫授人。

榛游至池州，先生以此拳授余，学之十易寒暑，先生曰："子勇成矣！"命以回晋，至洛阳遇学礼马公，谈论甚洽，嘱余为序。时在乾隆十五年，李榛序。李榛先生传授戴龙榜先生，祁县人，先生继传戴文雄先生，乳名二驴，善于武术，人都知戴二驴。

龙榜先生相传李能然先生，字飞羽，河北深县人，当地都称李老能。老能相传车永宏先生字毅斋，行二，武术界人都知车二师傅，太谷人。老能先生相传宋世荣先生，字约斋，北京籍。胞弟宋世德先生，在太谷东寺院开设永善兴钟表铺。外省武术界人都知太谷钟表铺大宋、二宋。大宋、二宋继续传授子、侄。大宋长子宋虎吕，二宋次子宋铁麟。世荣先生相传贾蕴高，清源人；任尔琪，太原县人。车毅斋先生相传李复贞，乳名常有，当地人都叫常有师傅。毅斋先生相传王振声，乳名中元，当地都叫中元师傅。毅斋先生相传刘俭，乳名铁柱，当地都叫铁柱师傅。全都是太谷人。

毅斋先生又传布学宽，祁县人。李复贞相传武承列，太谷人；程际德，徐沟人。王振声相传吴宝玉，太谷人。刘俭相传吴志秦，太谷人。宋虎吕（臣）相传董秀升，太谷人；刘石君，河北沧县人。宋铁麟相传吴立孝，太谷人；赵永昌，祁县人；田种兰，平遥人。布学宽相传杜级三、张永义、孙德宜，都是太谷人。杜级三于民国时期，在县体育会任职员时，他提倡县立国术馆，同时呈请中央国术馆，经过中央国术馆批准后，从民国二十四年三月三日在城内借钱庙开幕典礼。

太谷县国术馆成立后，参加的人有县长，各机关学校，名街长街，还有武术界人士，共八十多人，最后全体合影留念，委任宋铁麟为馆长。

国术馆规定，每年选一次馆长。馆下设三个部。杜级三负责外交联系部。孔祥熙捐洋叁百元；孟兴富捐洋壹百贰拾元：太原《华文晚报》马立伯捐洋壹百元；李胜蛟捐一批桌、椅、板凳、木器家具等。吴华亭负责总务部，经管财政，从太原定做枪、刀、宝剑、虎头钩、双手代、春秋大刀等各种武器。馆员报名费，每人叁角。宋铁麟兼任教务主任，教授形意拳、十二形；李振兴是老能先生的次孙，教授崩、劈、躜、炮、横、五行拳；朱富贵是杨德胜徒弟，教授四把进退连环杂式捶；布学宽教授鸳鸯脚；此外还聘请河南人王明怀教授太极拳。以上诸位同志全都是义务。另外用听差一人。一年期满后，选布学宽为馆长，杨子英为总务，经管财政。宋铁麟任城关六处学校武术教授，直到民国二十六年日本进攻山西时，国术馆才告解散。后，于1960年中央体委编辑部通过省体委郭荫轩同志把太谷形意拳拳谱调走。拳谱移交手续在县体委办公室进行，并开了座谈会，在场的除省体委郭荫轩同志外，还有县体委孙主任、王宁国、布学宽、吴立孝；县体委教练员赵永昌、李三元。1960年太谷县体委成立武术协会，选举布学宽为主任，宋铁麟为副主任。

1964年3月

选自《太谷地方史志资料选》第一辑

注：附录四、五中的人名用字依照原文，与现在通用名有所不同，未作更改，特做说明。

六、参考文献

书籍

1. 阎耀武演述．杨映光，杜世秀整理．山西车派形意拳[M]. 太原：山西人民出版社，1985.

2. 吴殿科．形意拳术大全[M]. 太原：山西人民出版社，1993.

3. 宋光华．宋氏形意拳[M]. 太原：山西科学技术出版社，2000.

4. 郭瑾刚．戴氏心意拳[M]. 太原：山西科学技术出版社，2013.

5. 权成．李复贞心意六合拳[M]. 太原：山西科学技术出版社，2015.

6. 布秉全．形意拳名家布学宽年谱[M]. 太原：北岳文艺出版社，2016.

7. 布秉全．太谷形意拳史料研究[M]. 太原：山西人民出版社，2018.

论文

1. 孟庆宁. 山西省太谷县形意拳现状与发展对策研究[D]. 太原：山西大学，2007.

2. 梁成赞. 形意拳运动仿生理论研究[D]. 北京：北京体育大学，2008.

3. 侯芬芬. 晋商对山西武术发展的影响[D]. 兰州：西北师范大学，2009.

4. 姬上兵. 对形意拳起源、流派与发展的思考[J]. 山东体育学院学报，2011，27(1)：35-37.

5. 丁保玉，张海龙. 山西地域文化对形意拳形成和发展的社会学审视[J]. 搏击·武术科学，2013，10(1)：19-21.

6. 王建国. 论戴氏心意拳起源发展与现状分析[D]. 太原：太原理工大学，2013.

7. 侯建斌. 太谷县乡村武术社会研究[D]. 太原：中北大学，2014.

8. 王攀峰. 形意拳源流考[D]. 太原：中北大学，2014.

9. 李冉冉. 晋中形意拳的地域文化特征研究[D]. 北京：首都体育学院，2015.

10. 郭琦. 山西省宋氏形意拳当代师徒传承特点及其成因研究[D]. 太原：山西大学，2015.

11. 杨新宇. 近代山西形意拳发展的社会因素研究[D]. 呼和浩特：内蒙古师范大学，2015.

12. 梅婷 . 山西省晋中地区民间形意拳文化传承的研究[J]. 中华武术(研究),2016,5(8):49-52.

13. 薛俊杰 ."武术之乡"山西省太谷县形意拳的开展现状与发展对策研究[D]. 西安:西安体育学院,2017.

14. 高强 . 形意拳动作名称与传统文化内涵的研究[D]. 北京:北京体育大学,2017.

15. 郭春阳,吕旭涛 . 挑战与应战——晚近形意拳传承变革的历史考察[J]. 体育文化导刊,2017.11(11):164-167.

16. 郭海英,刘晖 . 非物质文化遗产视域下晋中心意拳的嬗变与传承研究[J]. 山西大同大学学报,2017,33(2):82-84.

17. 田智博 . 民国时期山西武术发展状况研究[D]. 太原:中北大学,2018.

18. 李竞 . 形意拳的传承与发展研究[J]. 武术研究,2018,3(5):63-65.

19. 刘之清 . 浅谈形意拳及其价值研究[J]. 中华武术(研究),2019,8(2):69-72.

20. 王杰 . 山西武术非物质文化遗产数字化保护研究[D]. 南京:南京体育学院,2021.

21. 程逸群 . 乡村文化建设中太谷区形意拳传承研究

[D].成都:成都体育学院,2021.

22.杜磊.非遗视角下山西太谷形意拳活态流变规律探析[J].武术研究,2021,6(4):61-65.

内部资料

田茂.形意拳传承谱系.榆次:内部资料.2019.